主编◎任玉仪

汽车底盘构造与维修学习工作页

中国劳动社会保障出版社

图书在版编目(CIP)数据

汽车底盘构造与维修学习工作页/任玉仪主编. —北京：中国劳动社会保障出版社，2015

ISBN 978-7-5167-2180-3

Ⅰ. ①汽… Ⅱ. ①任… Ⅲ. ①汽车-底盘-结构②汽车-底盘-车辆修理 Ⅳ. ①U472.41

中国版本图书馆 CIP 数据核字(2015)第 247830 号

中国劳动社会保障出版社出版发行

（北京市惠新东街1号 邮政编码：100029）

*

北京市艺辉印刷有限公司印刷装订 新华书店经销

787毫米×1092毫米 16开本 6.75印张 119千字

2015年10月第1版 2021年6月第9次印刷

定价：16.00元

读者服务部电话：（010）64929211/84209101/64921644

营销中心电话：（010）64962347

出版社网址：http://www.class.com.cn

教材编审写委员会

本书主编：任玉仪

前言

《汽车底盘构造与维修学习工作页》与《汽车底盘构造与维修培训教程》是汽车底盘构造与维修一体化课程配套使用的教材。本书以汽车维修岗位工作任务分析为基础，以国家职业标准为依据，以综合职业能力培养为目标，以典型工作任务为载体，以学生为中心，运用一体化课程开发技术规程，根据典型工作任务和工作过程设计课程教学内容和教学方法，按照工作过程的顺序和学生自主学习的要求进行教学设计并安排教学活动，共设计了7个学习任务，每个学习任务通过多个教学环节来完成。通过这些学习任务，重点对学生进行专业能力、方法能力、社会能力和职业素养的培养，并通过一体化课程教学使学生具备典型汽车底盘维修的能力，胜任对应的汽车底盘维修岗位，实现“做学合一”的工学结合课程理念，最终达到培养高素质技能人才的培养目标。

本书具备以下特点：

任务驱动。通过任务驱动的方式，引导学生进行知识、技能和职业规范的学习。

做学合一。以工作任务为中心，实现理论与实践的一体化教学。

突出能力。教材定位与学习目标、学习内容与要求、教学过程与评价等都积极突出学生专业能力、方法能力、社会能力和职业素养的培养，体现职业教育课程的特质。

职业标准。工作任务选取与设计中参考并融入了汽车修理工中、高级职业技能鉴定的内容，使该课程同时满足汽车修理工中、高级职业资格培训需要。

本书的完成是团队协作的结果，具体分工如下：任务一由任玉仪编写；任务二由任玉仪、关靖雯编写；任务三由任玉仪、李木荣、杨子新编写；任务四由庾蕙敏、李志诚编写；任务五由任玉仪编写；任务六由任玉仪、关靖雯编写；任务七由任玉仪编写。

本书的编写得到广州丰田汽车特约维修有限公司阮少宇、广州长宁汽车销售服务有限公司黎宗宇、广州汽车集团客车有限公司雷英彬等的大力支持，在此一并表示感谢。

由于经验水平有限，书中难免存在不足和错误之处，恳请各位专家和读者批评指正。

编　者

目　　录

任务一　汽车底盘整体构造认知

学习目标

1. 遵守安全操作规范，按章操作，并注重环保意识的养成；

2. 能够准确叙述汽车底盘的基本组成与作用；

3. 能够准确区分汽车底盘的几种主要布置方式；

4. 能够准确识别汽车底盘各主要总成；

5. 能够运用维修手册和网络查阅相关技术资料；

6. 学会收集信息、制定计划、组织实施、成果展示、小组评价等教学活动；

7. 能够正确使用工量具和专用工具；

8. 能够正确填写学习工作页或工作记录单，对测量检修项目作记录并存档。

学习准备

检查所在工位具有的工量具及耗材，完成后在“□”内打“√”，如有补充，请直接填写。

教学用整车，车型：________________ □

汽车底盘试验台架 □

专用工具一套 □

货架式工具车及常规工具 □

游标卡尺、百分表及表座 □

汽车举升机、零件小车 □

砂布、钢丝刷、棉纱等 □

其他，请补充：________________ □

建议学时

12 课时

学习过程

一、 情景导入

汽车底盘构造认知是汽车维修和保养工作中最基础的工作任务，安全操作规范和工作现场管理是汽车维修人员必须遵循的规定，你作为汽车修理厂一名车间学徒，接到任务跟随修理技师就车识别汽车底盘各主要总成，熟悉修理车间安全操作规范和工作现场管理，以养成良好的工作习惯。

二、　信息收集

引导问题 1　汽车底盘由汽车传动系、行驶系、制动系和转向系组成，请补充下图空白处。

图 1—1　汽车底盘四大系统

引导问题 2　汽车传动系组成如何？

汽车传动系指从发动机到驱动车轮之间所有动力传递装置的总称，包括离合器、变速器、传动轴、万向传动装置、驱动桥等组成，请补充图 1—2 中的空白处。

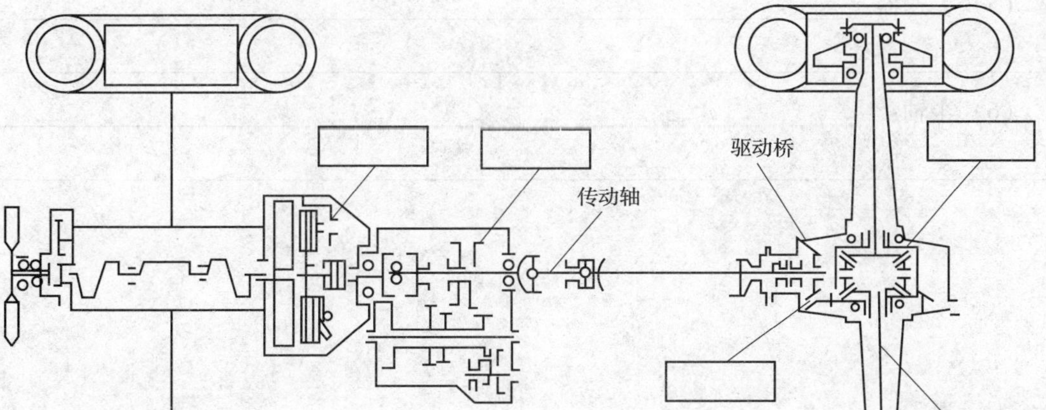

图 1—2　传动系构成

引导问题 3　汽车传动系有哪些类型？

汽车传动学根据驱动轮的位置和数量车辆的驱动方式可以分为以下几种型式：

（1）FR：____________________；

（2）FF：____________________；

（3）RR：____________________；

（4）MR：____________________；

（5）nWD：____________________。

此外汽车传动学按照变速器的类型可以分为：手动变速器式传动系和____________________。

引导问题 4　汽车传动系各总成有什么作用？

（1）离合器：____。

（2）变速器：____。

（3）万向传动装置：____。

（4）主减速器：____。

（5）差速器：____。

（6）半轴：____。

引导问题 5　识别传动系各重要总成，请将传动系各总成名称和相对应的图片连线。

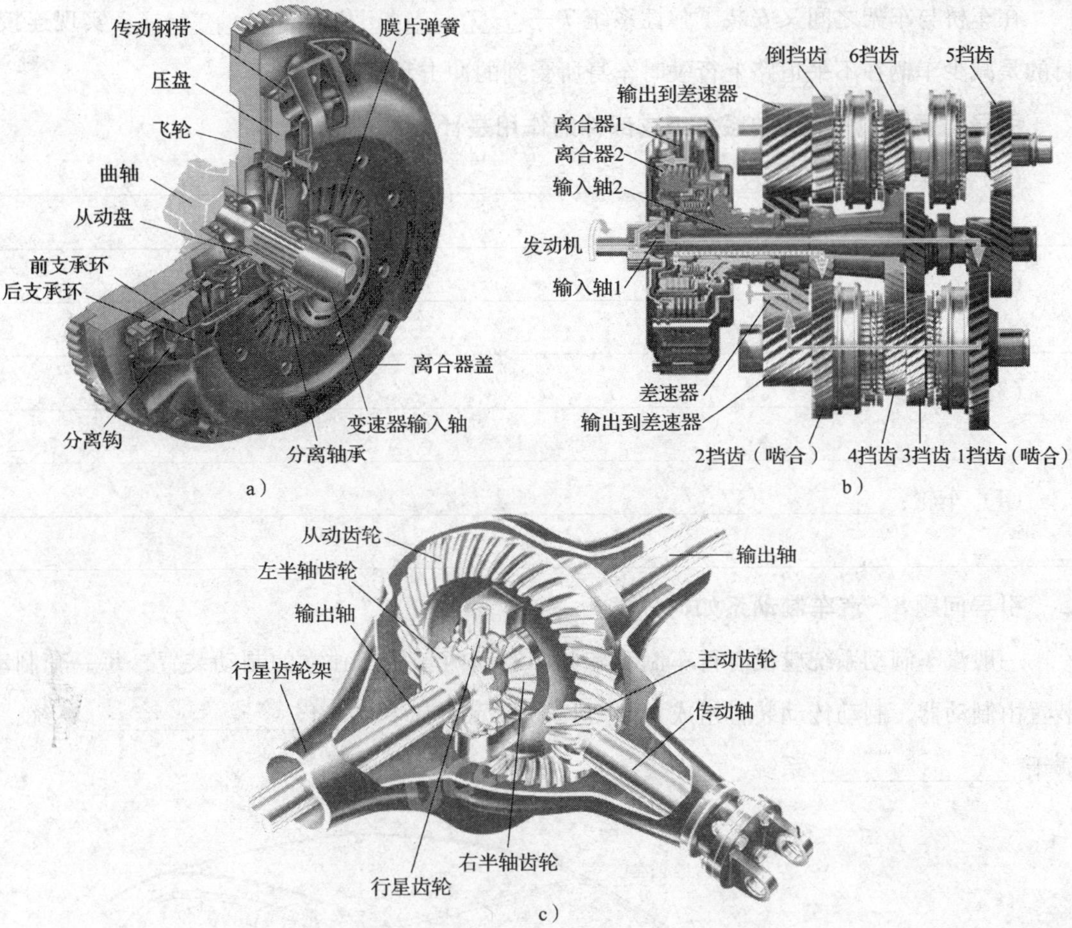

图 1—3　传动系

a）　　　　b）　　　　c）

离合器　　　　变速器　　　　驱动桥

引导问题 6　汽车行驶系组成有哪些？

如图 1—4 所示，1—________是全车装配和支撑的基础，它将汽车的各相关总成连接成一个整体。

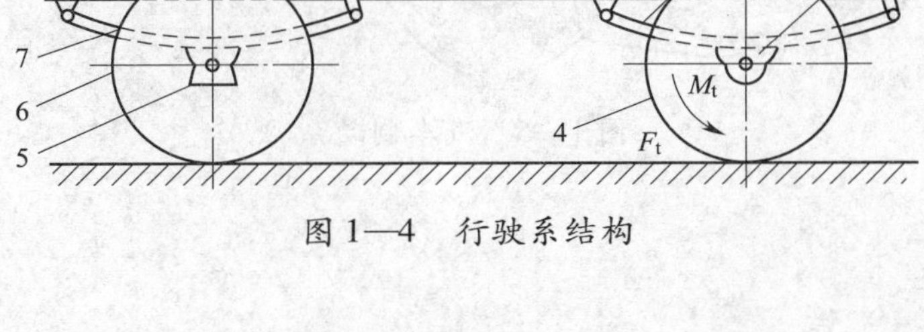

图 1—4　行驶系结构

4、6—__________分别安装在3—__________和5—__________上。

在车桥与车架之间又安装了弹性系统7—__________和2—__________实现连接，目的是减少车辆在不平道路上行驶时车身所受到的冲击和振动。

引导问题7　汽车行驶系各组成部件的作用是什么？

（1）车架：____

____。

（2）车桥：____

____。

（3）悬架：____

____。

（4）车轮：____

____。

引导问题8　汽车制动系如何分类？

一般汽车制动系统应设有行车制动和驻车制动两套相互独立的制动装置，每一套制动装置由制动器、制动传动装置组成，如图1—5所示。其中1属于__________系统，2属于__________系统。

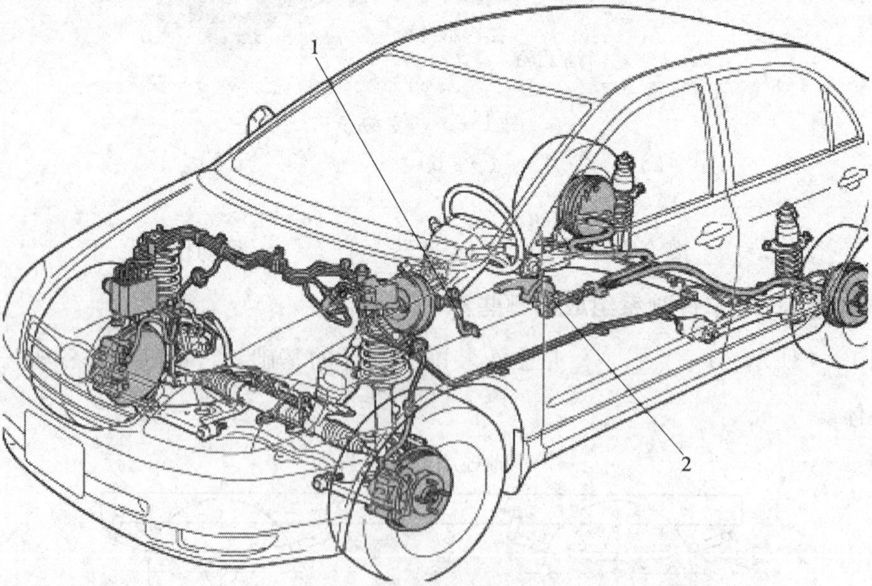

图1—5　汽车制动系

引导问题 9　汽车制动系有何作用？

汽车制动系的作用是使行驶中的汽车按照驾驶员的要求进行________，使已停驶的汽车在各种道路条件下（包括在坡道上）________，使下坡行驶的汽车速度________。

引导问题 10　汽车转向系组成有哪些？

现代汽车转向系是由____________、____________和____________三个基本部分组成的。

引导问题 11　汽车转向系有哪些类型？

如图 1—6 所示，汽车转向系分为两类，分别是图 1—6a __________汽车转向系统和图 1—6b __________汽车转向系统。

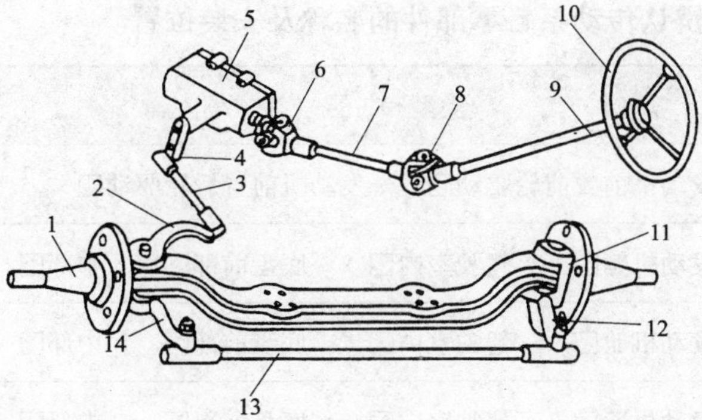

a）

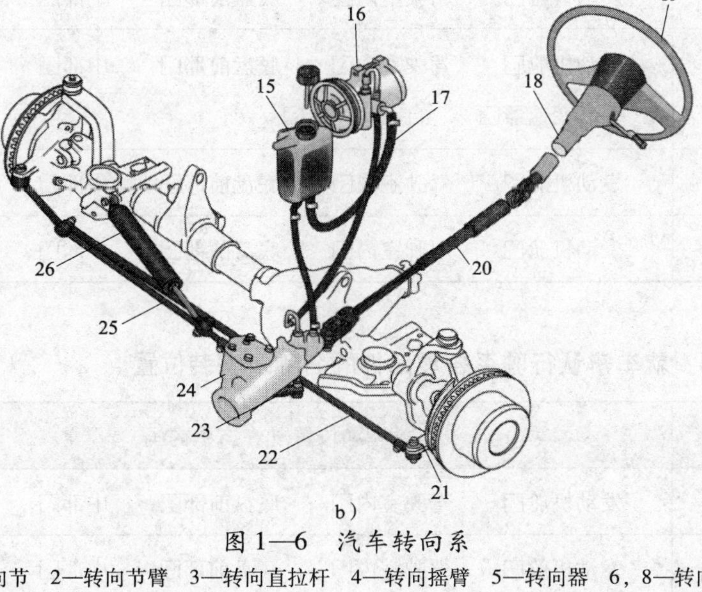

b）

图 1—6　汽车转向系

1—左转向节　2—转向节臂　3—转向直拉杆　4—转向摇臂　5—转向器　6，8—转向万向节　7—转向传动轴　9—转向轴　10—转向盘　11—右转向节　12，14—梯形臂　15—转向油罐　16—转向油泵　17—转向油管　18—转向轴　19—转向盘　20—转向中间轴　21—转向节臂　22—转向横拉杆　23—转向摇臂　24—整体转向臂　25—转向直拉杆　26—转向减振器

引导问题 12　汽车转向系各组成部件的作用是什么？

（1）转向操纵机构：____。

（2）转向器（方向机）：____。

（3）转向传动机构：____。

三、 计划与实施

引导问题 13　就车辨认传动系各零部件的名称及安装位置。

零部件名称	类型和位置（在方框内画"√"）
汽车传动系	发动机前置前轮驱动□　发动机前置后轮驱动□
离合器踏板	发动机舱□　驾驶室内□　底盘前部□　中部□　后部□
离合器主缸	发动机舱□　驾驶室内□　底盘前部□　中部□　后部□
离合器	发动机舱□　驾驶室内□　底盘前部□　中部□　后部□
变速器换挡杆	发动机舱□　驾驶室内□　底盘前部□　中部□　后部□
变速器	发动机舱□　驾驶室内□　底盘前部□　中部□　后部□ 手动变速器□　自动变速器□
传动轴	发动机舱□　驾驶室内□　底盘前部□　中部□　后部□
驱动桥	发动机舱□　驾驶室内□　底盘前部□　中部□　后部□

引导问题 14　就车辨认行驶系各零部件的名称及安装位置。

零部件名称	类型和位置（在方框内画"√"）
悬架弹簧	发动机舱□　驾驶室内□　底盘前部□　中部□　后部□
减振器	发动机舱□　驾驶室内□　底盘前部□　中部□　后部□

引导问题 15 就车辨认转向系各零部件的名称及安装位置。

零部件名称	类型和位置（在方框内画"√"）
转向器	发动机舱□ 驾驶室内□ 底盘前部□ 中部□ 后部□
转向指示灯	发动机舱□ 驾驶室内□ 底盘前部□ 中部□ 后部□
转向油泵	发动机舱□ 驾驶室内□ 底盘前部□ 中部□ 后部□
动力转向储油室	发动机舱□ 驾驶室内□ 底盘前部□ 中部□ 后部□
动力转向	发动机舱□ 驾驶室内□ 底盘前部□ 中部□ 后部□

引导问题 16 就车辨认制动系各零部件的名称及安装位置。

零部件名称	类型和位置（在方框内画"√"）
制动踏板	发动机舱□ 驾驶室内□ 底盘前部□ 中部□ 后部□
制动总泵	发动机舱□ 驾驶室内□ 底盘前部□ 中部□ 后部□
制动分泵	发动机舱□ 驾驶室内□ 底盘前部□ 中部□ 后部□
制动鼓	发动机舱□ 驾驶室内□ 底盘前部□ 中部□ 后部□
制动盘	发动机舱□ 驾驶室内□ 底盘前部□ 中部□ 后部□
真空助力器	发动机舱□ 驾驶室内□ 底盘前部□ 中部□ 后部□
驻车制动操纵杆	发动机舱□ 驾驶室内□ 底盘前部□ 中部□ 后部□

四、 评价与反馈

学习评价表

考核项目	考核内容	比例	学生自评	小组互评	教师评价	小计
团队合作	是否协调	5%				
活动参与	是否积极主动	5%				
安全生产	有无安全隐患	10%				
现场 5S	是否做到	10%				

续表

考核项目	考核内容	比例	学生自评	小组互评	教师评价	小计
知识掌握情况	汽车底盘的基本组成	45%				
	汽车底盘各系统的车上布置情况					
	汽车底盘各系统的主要组成部件					
	汽车底盘各系统的作用					
任务完成情况	是否圆满完成	5%				
工具和设备使用	是否规范、标准	10%				
劳动纪律	是否能严格遵守	5%				
工单填写	是否完整、规范	5%				
总评		100%				
教师签字：			年 月 日		总评	

五、 学习拓展

1．请补充以下图中车外部附件的名称。

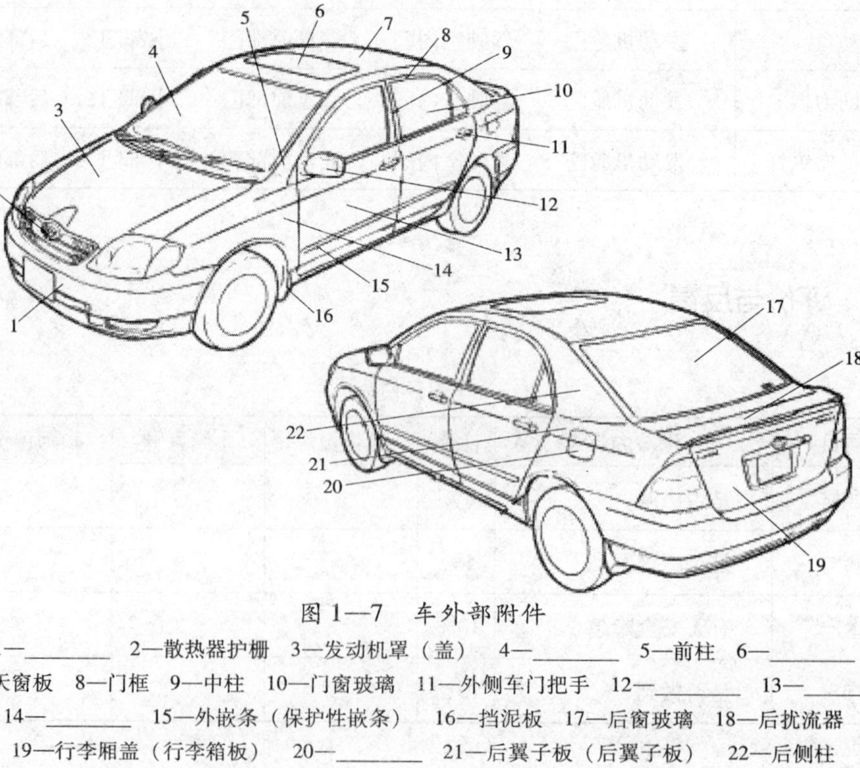

图 1—7 车外部附件

1—________ 2—散热器护栅 3—发动机罩（盖） 4—________ 5—前柱 6—________
7—天窗板 8—门框 9—中柱 10—门窗玻璃 11—外侧车门把手 12—________ 13—________
14—________ 15—外嵌条（保护性嵌条） 16—挡泥板 17—后窗玻璃 18—后扰流器
19—行李厢盖（行李箱板） 20—________ 21—后翼子板（后翼子板） 22—后侧柱

2. 认识车内部附件的名称，请补充以下图中内部附件的名称。

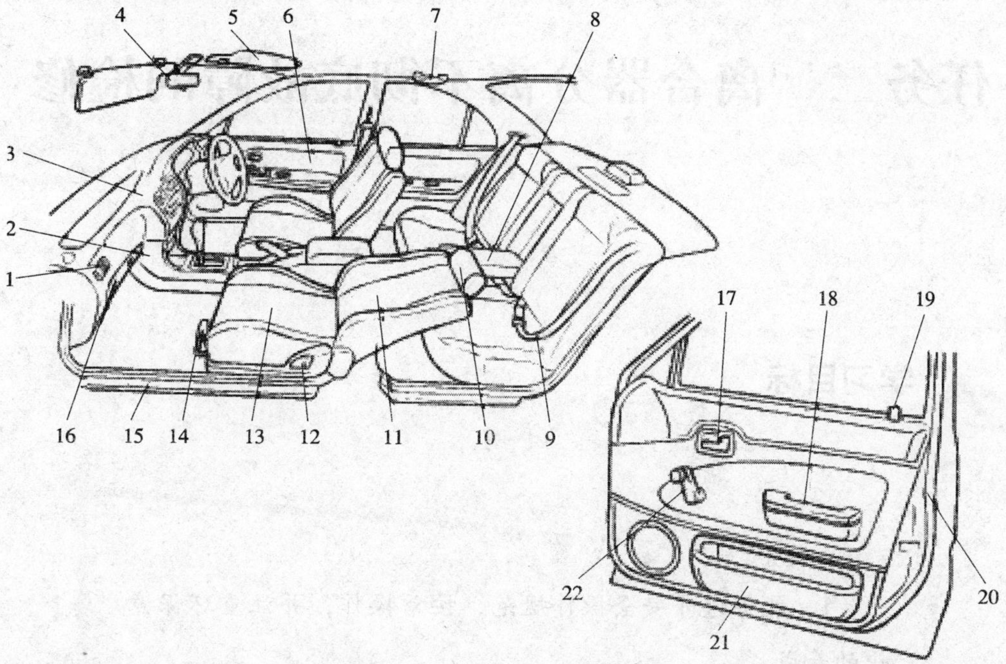

图 1—8 车内部附件

1—可调出风口 2—中心控制台 3—________ 4—________ 5—________ 6—车门饰件
7—辅助把手 8—后部中央扶手 9—________ 10—头枕 11—座椅靠背 12—倾角调整杆
13—座椅（软垫） 14—座椅滑动杆 15—皱褶板 16—手套箱 17—________
18—门扶手 19—________ 20—密封条 21—车门袋 22—门窗调节把手

任务二　离合器分离不彻底故障的检修

学习目标

1. 能够遵守安全操作规范，按章操作，并注重环保意识的养成；

2. 能够描述汽车离合器的类型和特点；

3. 能够熟练叙述离合器的组成、功用及工作原理；

4. 能够对离合器的零部件进行检查、修复或更换；

5. 能够对离合器的常见故障进行诊断和排除；

6. 能够运用维修手册和网络查阅相关技术资料；

7. 学会收集信息、制定计划、组织实施、成果展示、小组评价等教学活动；

8. 能够正确使用工量具和检测维修设备；

9. 能够正确填写学习工作页或工作记录单，对测量检修项目作记录并存档。

学习准备

检查所在工位具有的工量具及耗材，完成后在“□”内打“√”，如有补充，请直接填写。

离合器总成，类型：____________________ □

离合器专用千斤顶和从动盘专用支架一个 □

专用工具一套 □

货架式工具车及常规工具 □

游标卡尺、百分表及表座 □

汽车举升机、零件小车 □

砂布、钢丝刷、棉纱等 □

其他，请补充：____________________ □

建议学时

18 课时

学习过程

一、 情境导入

一位车主开着自己的车来到某品牌 4S 店，反映离合器要很用力踩才能挂进挡，勉强挂挡后还没开始松离合器车子就动起来了。服务顾问接车后初步判断了故障，承诺交车时间。你作为维修人员按要求在规定时间内检修离合器分离不彻底的故障。

二、 信息收集

引导问题 1 离合器在车上安装在什么位置，离合器的作用是什么？

（1）请在如图 2—1 所示方框内填入相应的零部件名称。

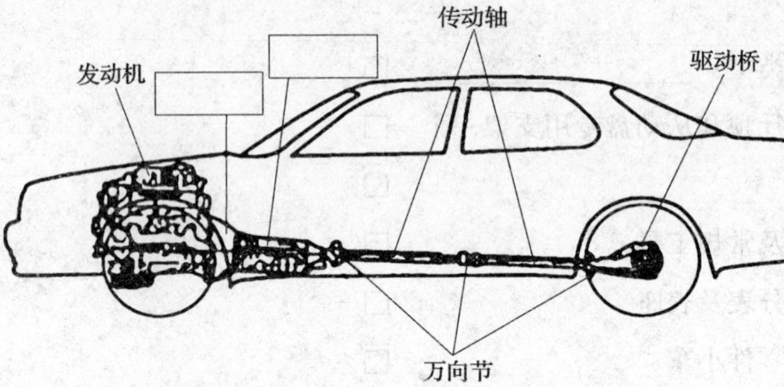

图 2—1 传动系统的组成及布置示意图

（2）离合器的在车位置：____

____。

（3）离合器的作用：____

____。

引导问题 2 离合器的类型有哪些，如何分类？

（1）在你拆装摩擦式离合器之前，你能分辨它们的类型吗？

1）按操纵机构可分为____

____。

2）按从动盘数目可分为____

____。

3）按压紧弹簧的型式可分为____

____。

（2）请写出以下离合器类型。

图 2—2

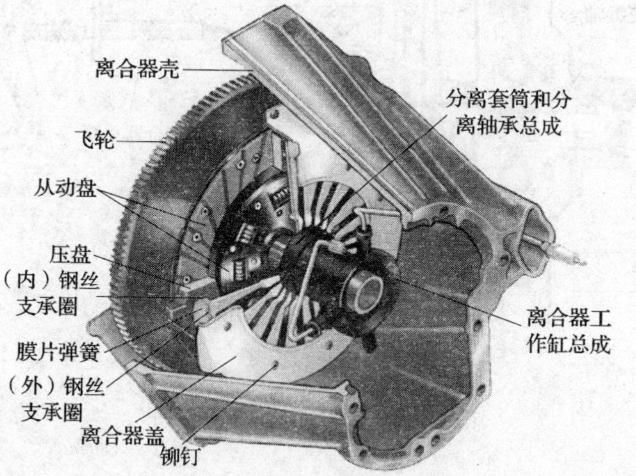

图 2—3

以上两幅图片中图2—2 是＿＿＿＿＿＿离合器，图2—3 是＿＿＿＿＿＿离合器。从图中所见，它们最大的不同点是＿＿。

引导问题 3　离合器由哪几部分组成？

（1）摩擦式离合器的主要组成部分：

1）主动部分：＿＿＿＿＿＿＿＿＿＿＿＿＿＿＿＿＿＿＿＿＿＿＿＿＿＿＿＿＿＿＿＿＿＿＿＿＿＿。

2）从动部分：＿＿＿＿＿＿＿＿＿＿＿＿＿＿＿＿＿＿＿＿＿＿

____。

3）压紧机构：____

____。

4）操纵机构：____

____。

（2）写出图 2—4 各零部件名称。

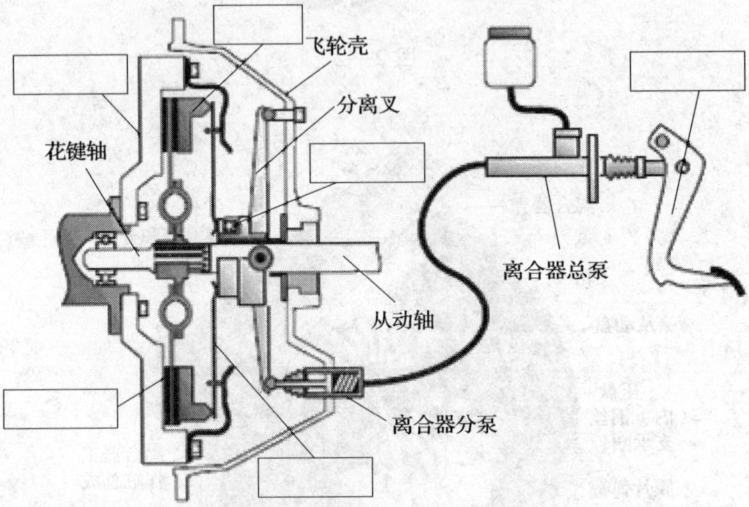

图 2—4　离合器结构示意图

（3）离合器踏板自由行程的概念及作用。驾驶员在踩下离合器踏板后，要消除分离轴承和分离杠杆内端之间留有的间隙，然后才能开始分离离合器，为消除这一间隙所需的离合器踏板行程，称为________________，以保证摩擦片在正常磨损范围内离合器仍能完全结合不打滑。

引导问题 4　离合器是如何工作的？

（1）读图 2—5 判断离合器的工作状态：

1）离合器常态下处于____________（分离/结合）状态。

2）踩下踏板后离合器____________（分离/结合）。

3）部分踩下离合器踏板称为离合器的____________状态。（全联动/不联动/半联动）

（2）读图 2—6，写出膜片弹簧式离合器工作原理。

工作原理：____

____

____

____

____

____。

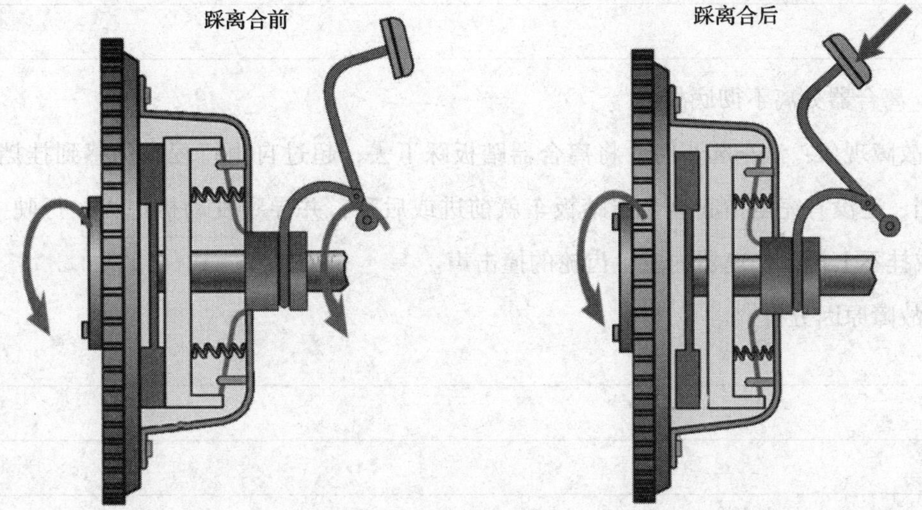

图 2—5　离合器工作状态

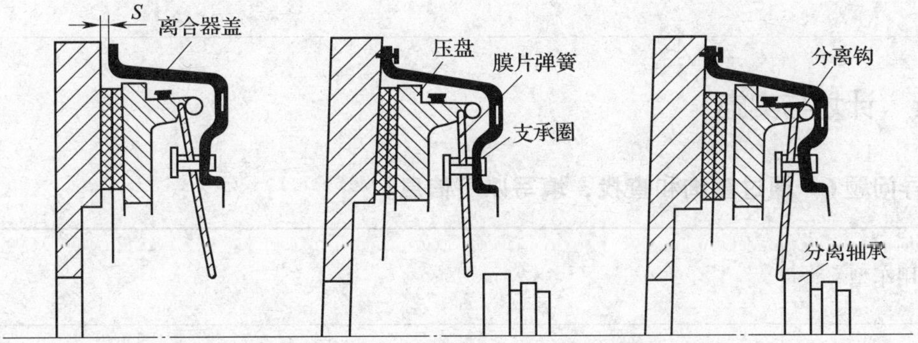

图 2—6　膜片弹簧式离合器工作原理

引导问题 5　分析离合器常见故障现象及产生原因。

（1）离合器打滑故障

1）故障现象：汽车起步时离合器踏板接近完全放松汽车方能起步；离合器接合后，发动机动力不能完全传给驱动轮，出现汽车起步困难、油耗上升；行驶中或加速时发动机转速过高但车速提高缓慢等。

2）故障原因分析：

（2）离合器分离不彻底故障

1）故障现象：汽车起步时，将离合器踏板踩下去，超过自由行程，仍感到挂挡困难；强行挂挡，还没有完全抬起离合器踏板车就前进或后移，并导致发动机熄火；行驶中换挡困难，或挂不上挡，变速器内发生齿轮的撞击声。

2）故障原因分析：

三、 计划与实施

引导问题 6　通过查询和查找，填写以下信息。

使用车型	
离合器类型	
使用工具、设备	

引导问题 7　如何对离合器进行拆解？完成后请在相应的“□”内打“√”。

□ 步骤 1：拆卸离合器分离叉分总成。

□ 步骤 2：拆卸离合器分离叉护套。

□ 步骤3：拆卸离合器分离轴承总成。

□ 步骤4：拆卸分离轴承毂卡扣。

□ 步骤5：拆卸分离叉支撑件。

□ 步骤6：拆卸离合器壳总成。

（1）在离合器壳总成和飞轮上做配合标记，如图2—7所示。

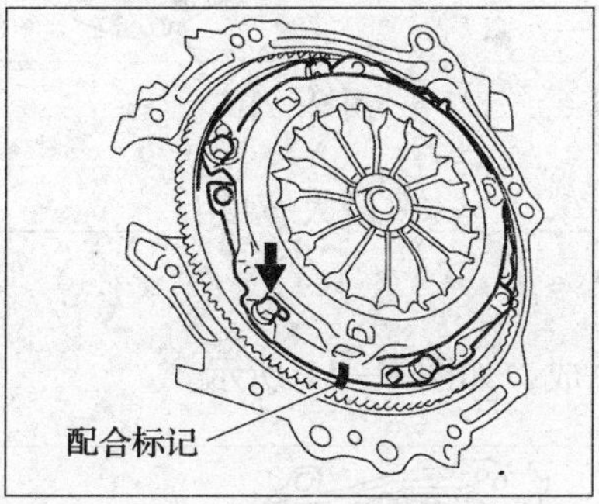

图2—7

（2）每次将各定位螺栓拧松一圈，直至弹簧松弛。

（3）拆下定位螺栓并拉下离合器壳。

□ 步骤7：拆卸离合器摩擦片总成。

引导问题8　如何对离合器各零部件的检查？完成后请在相应的“□”内打“√”。

□ 步骤1：检查离合器摩擦片总成，如图2—8、图2—9所示。

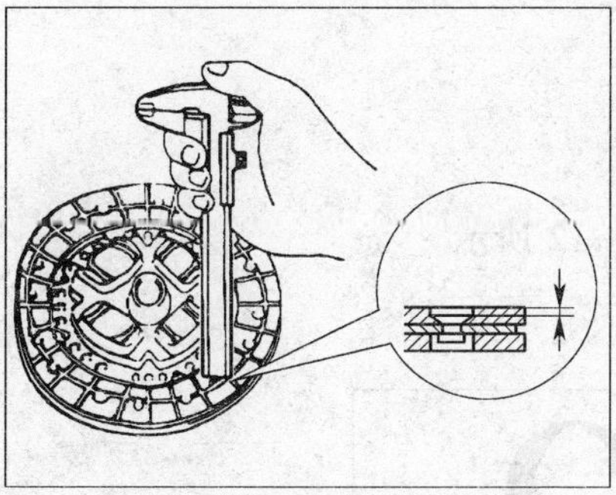

图2—8

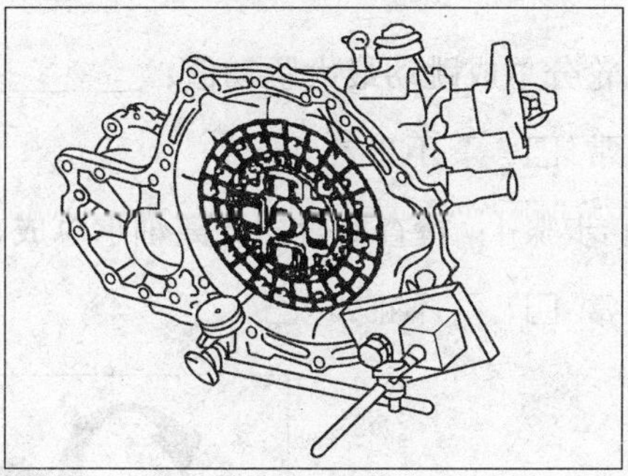

图2—9

（1）离合器摩擦片铆钉头深度：__________。

正常 □　　不正常 □

（2）离合器摩擦片总成最大跳动值：__________。

正常 □　　不正常 □

□ 步骤2：检查离合器壳总成，如图2—10所示。

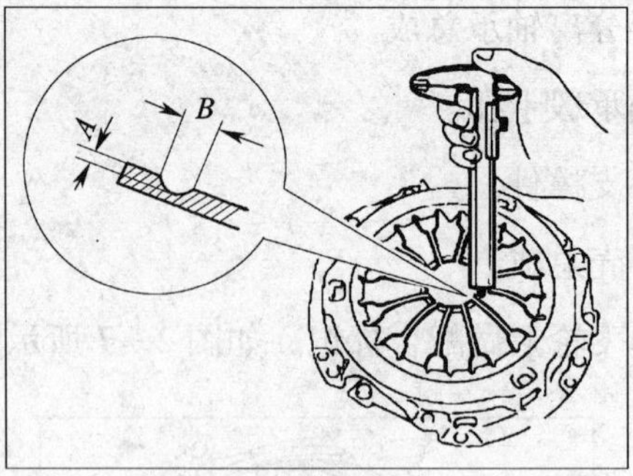

图 2—10

膜片弹簧磨损最大深度：________；最大宽度：________。

正常 □　　不正常 □

□ 步骤3：检查飞轮分总成，如图 2—11 所示。

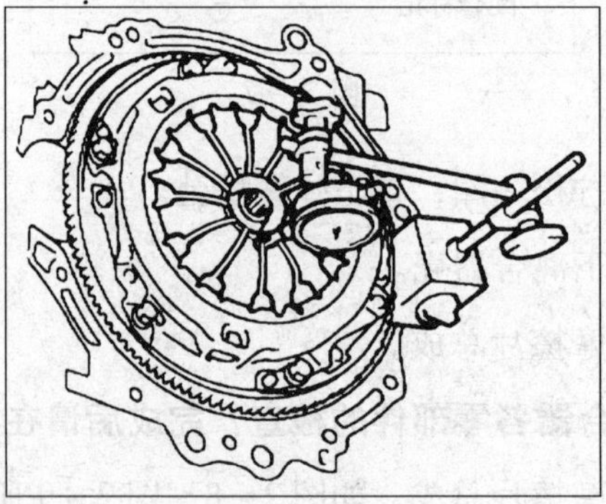

图 2—11

飞轮分总成跳动最大跳动值：__________。

正常 □　　不正常 □

□ 步骤4：检查离合器分离轴承总成，如图 2—12 所示。

正常 □　　不正常 □

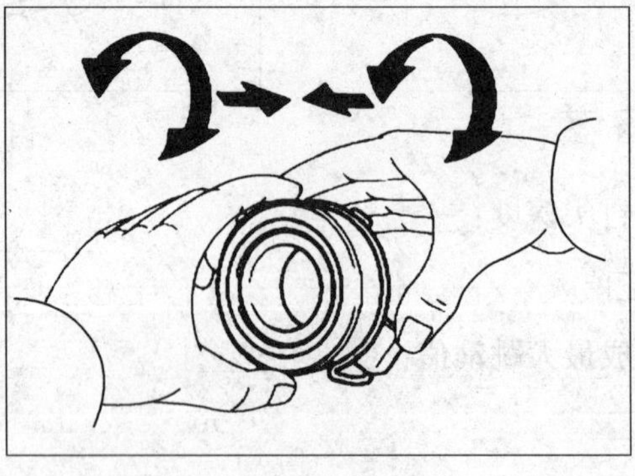

图 2—12

引导问题9　如何调整离合器踏板自由行程？完成后请在相应的“□”内打“√”。

□ 步骤1：检查并调节离合器踏板分总成，如图2—13所示。

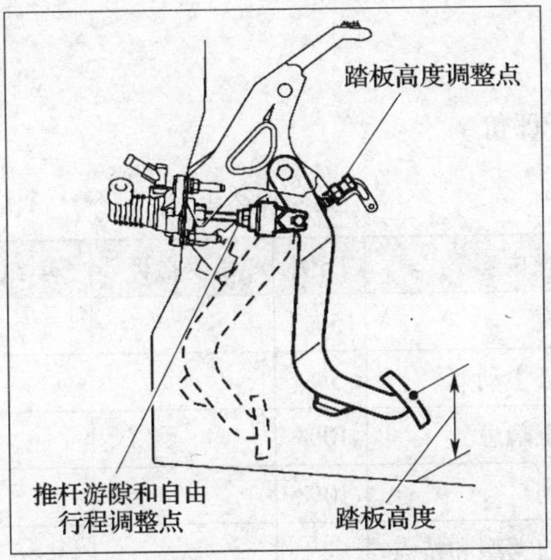

图2—13

踏板距离地板的高度实际测量值：________（2NZ－FE离合器踏板标准高度118.1～128.1 mm）。

□ 步骤2：检查并调节踏板自由行程和推杆游隙，如图2—14所示。

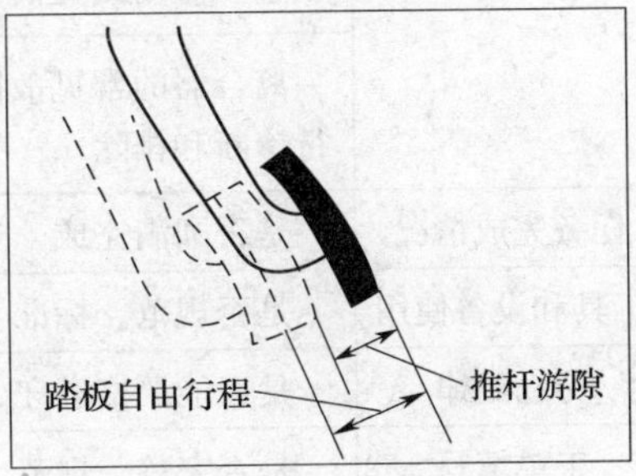

图2—14

踏板自由行程实际测量值：______mm（踏板标准自由行程：5.0～15.0 mm）。

踏板顶部推杆游隙实际测量值：______mm（踏板顶部标准推杆游隙：1.0～5.0 mm）。

□ 步骤3：检查并调节离合器分离点，如图2—15所示。

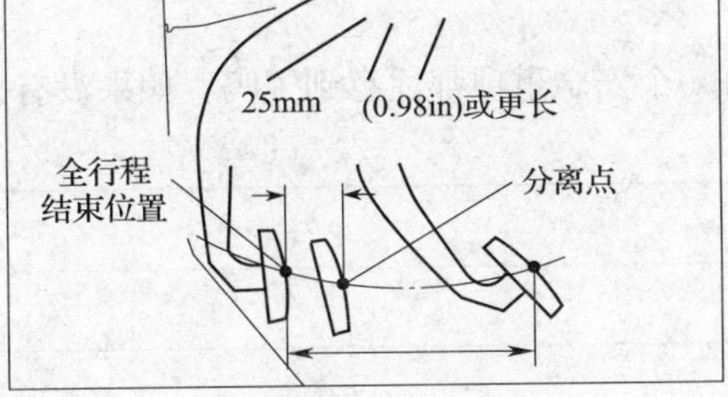

图2—15

离合器分离点至全行程结束距离实际测量值：________ mm（分离点标准：大于等于 25 mm）。

四、 评价与反馈

1．对本学习任务进行评价

学习评价表

考核项目	考核内容	比例	学生自评	小组互评	教师评价	小计
团队合作	是否协调	5%				
活动参与	是否积极主动	5%				
安全生产	有无安全隐患	10%				
现场5S	是否做到	10%				
知识掌握情况	离合器的类型和特点 离合器的组成、功用及工作原理 离合器的零部件进行检查、修复或更换 离合器的常见故障进行诊断和排除	45%				
任务完成情况	是否圆满完成	5%				
工具和设备使用	是否规范、标准	10%				
劳动纪律	是否能严格遵守	5%				
工单填写	是否完整、规范	5%				
总分		100%				
教师签字：			年 月 日		总评	

2．总结提高

（1）在实施作业时每一个安全事项都注意到了吗？如果没有，找出忽略的地方和原因。

____

____

____

____

______________________________。

（2）能否向车主解释故障诊断及排除的过程？如果不能，分析原因并提出改进措施。

五、 学习拓展

你认为在驾驶过程中应如何正确使用离合器？

任务三 手动变速器换挡困难故障的检修

学习目标

1. 能够遵守安全操作规范，按章操作，并注重环保意识的养成；

2. 能够描述汽车变速器的类型和特点；

3. 能够熟练叙述手动变速器的组成、功用及工作原理；

4. 能够对手动变速器的零部件进行检查、修复或更换；

5. 能够对手动变速器的常见故障进行诊断和排除；

6. 能够运用维修手册和网络查阅相关技术资料；

7. 学会收集信息、制定计划、组织实施、成果展示、小组评价等教学活动；

8. 能够正确使用工量具和检测维修设备；

9. 能够正确填写学习工作页或工作记录单，对测量检修项目作记录并存档。

学习准备

检查所在工位具有的工量具及耗材，完成后在“□”内打“√”，如有补充，请直接填写。

手动变速器总成，类型：________________ □

拉器、铜棒 □

手动变速器拆装作业台 □

专用工具一套 □

货架式工具车及常规工具 □

游标卡尺、百分表及表座 □

汽车举升机、零件小车 □

砂布、钢丝刷、棉纱等 □

其他，请补充：________________ □

建议学时

36 课时

学习过程

一、 情境导入

一位车主开着自己的车来到某品牌4S店，反映在一次自驾游回途中，汽车的变速器1、2挡工作正常，勉强才可挂入3挡，但是完全不能挂入4挡，只得低速驶回。服务顾问接车后初步判断了故障，承诺交车时间。你作为维修人员按要求在规定时间内检修手动变速器换挡困难的故障。

二、 信息收集

引导问题 1　变速器的安装位置在哪？

安装位置：变速器在传动系中位于____________的后面（或液力变矩器的后面），万向传动装置的前面，如图 3—1 所示。

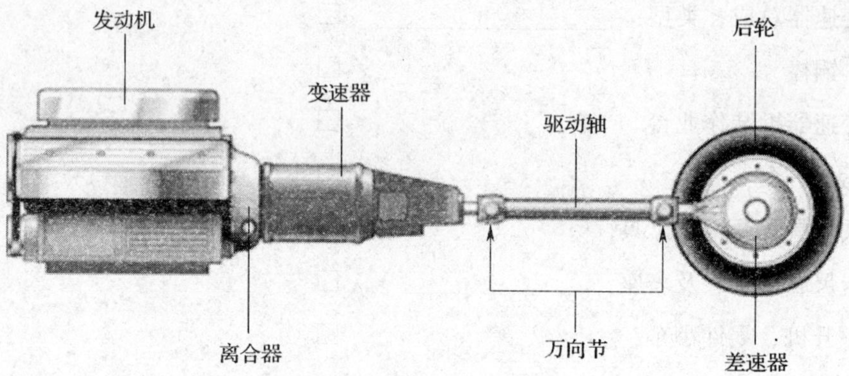

图 3—1　变速器的安装位置

引导问题 2　变速器的功用有哪些？

（1）____。

（2）____。

（3）____。

引导问题 3　变速器有哪些种类？

（1）按传动比的变化方式可分为：____________、____________、____________。

（2）按操纵方式可分为：____________和____________。

引导问题 4　手动变速器的结构由哪些组成？

如图 3—2 所示，手动变速器主要由壳体、操纵机构（____________、____________等）、齿轮传动机构（____________、____________、____________等）组成。

引导问题 5　自锁装置与互锁装置的工作原理。如图 3—3 所示为何种机构，其作用是什么？起作用的原理是什么？

（1）机构名称：____。

（2）机构作用：____
____。

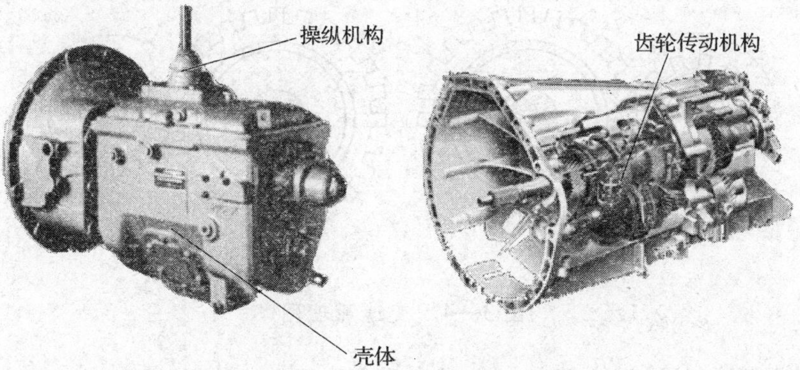

图 3—2　变速器的组成

(3) 图 3—3 中 1 和 2 的零件名称分别是：________________。

(4) 机构作用原理：____

____

____

____。

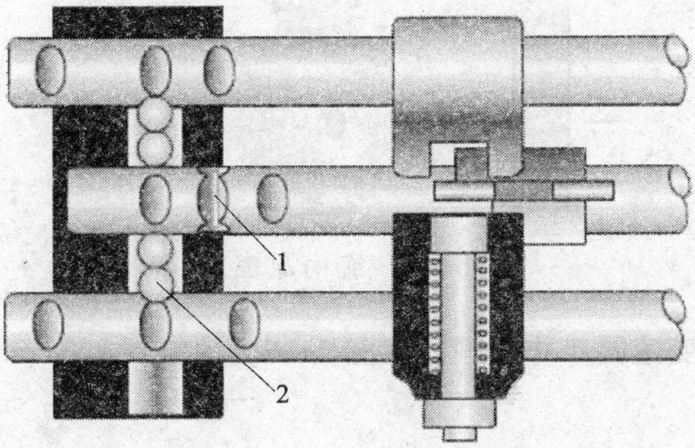

图 3—3

引导问题 6　手动变速器变速原理是怎样的？

(1) 变速器传动比

1) 变速器传动比等于__________齿轮与__________齿轮转速的正比、齿数的反比。

2) 读图 3—4，判别图 3—4a 属于__________传动，图 3—4b 属于__________传动。

(2) 换挡原理。已知变速器传动比为 i，则

1) 当 $i>1$ 时，为减速增扭传动，其挡位称为____________挡；

2) 当 $i<1$ 时，为增速降扭传动，其挡位称为____________挡；

3) 当 $i=1$ 时，为等速等扭传动，其挡位称为____________挡。(降速/超速/直接)

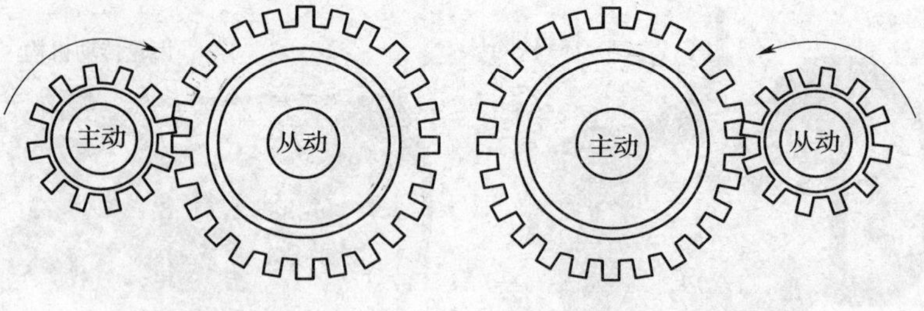

图 3—4 变速原理图

(3) 变向原理。由图 3—5 可知，一对相啮合的外齿轮旋向相反，每经过一对传动副，其轴改变一次转向。故倒挡的实现是在输入齿轮与输出齿轮之间增加了一个__________（也称惰轮)，从而改变了输出齿轮的方向。

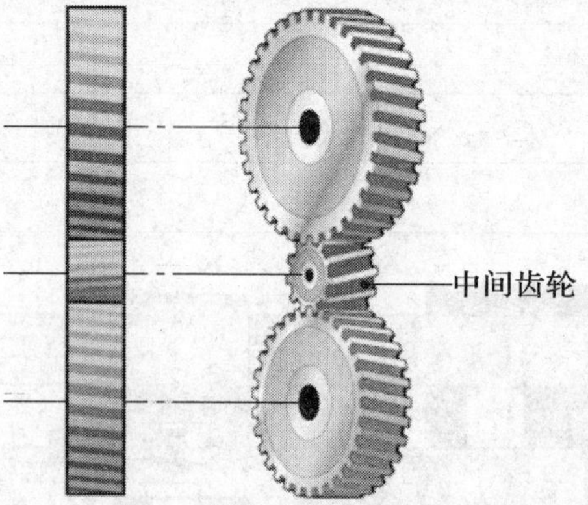

图 3—5 变向原理图

引导问题 7 手动变速器工作原理，读图 3—6，填空：

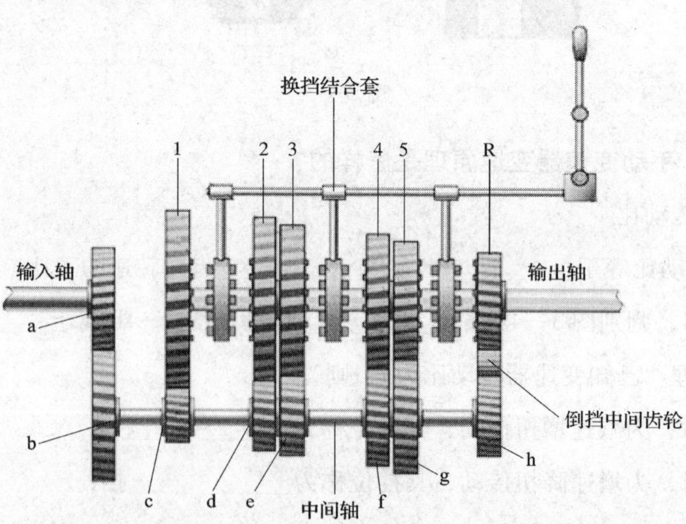

图 3—6 五挡手动变速器结构

一挡：输入轴→a→b→c→1→输出轴。

二挡：输入轴→a→b→d→2→输出轴。

三挡：输入轴→a→b→e→3→输出轴。

四挡：输入轴→a→b→f→4→输出轴。

五挡：输入轴→a→b→g→5→输出轴。

倒挡：输入轴→a→b→h→倒挡中间齿轮→R→输出轴。

其中 a—____________，b—____________，c—____________，d—____________，e—____________，f—____________，g—____________，h—____________。

引导问题 8　同步器的工作原理是怎样的？

汽车变速器采用两种同步器，锁环式惯性同步器和__________同步器，同步器的作用是：____。

引导问题 9　手动变速器换挡困难故障原因分析。

（1）故障现象：换挡时变速杆操作沉重不能挂入挡位，或勉强挂上挡后又很难退回空挡，则为______________。

（2）故障原因分析：____。

三、计划与实施

引导问题 10　通过查询和查找，填写以下信息。

使用车型	
变速器类型	
使用工具、设备	

引导问题 11　如何对手动变速器进行拆解？完成后请在相应的“□”内打“√”。

□ 步骤 1：拆卸手动变速器油加注塞，如图 3—7 所示。

□ 步骤 2：拆卸排放塞分总成。

□ 步骤 3：拆卸车速表从动孔盖分总成。

□ 步骤 4：拆卸倒车灯开关总成。

□ 步骤 5：拆卸选挡曲杆总成。

□ 步骤 6：拆卸换挡控制杆，如图 3—8 所示。

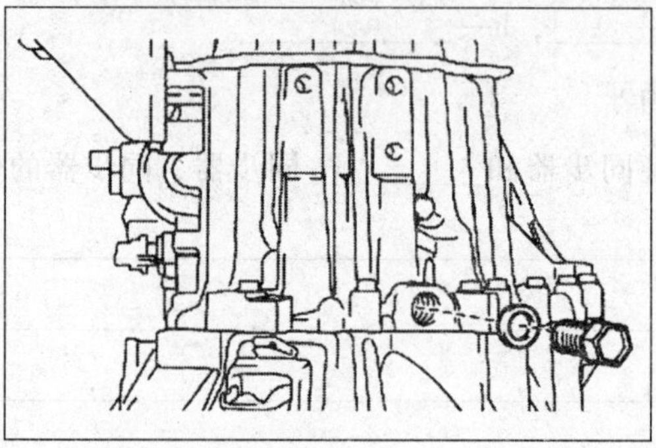

图 3—7

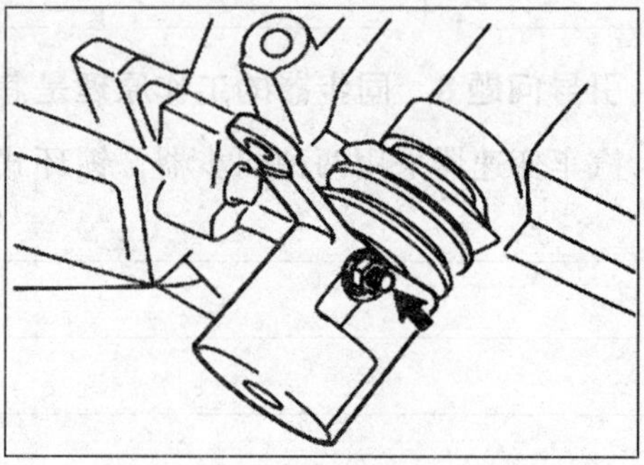

图 3—8

□ 步骤 7：拆卸换挡杆减振器，如图 3—9 所示。

□ 步骤 8：固定手动传动桥总成。

□ 步骤 9：拆卸 1 号锁止球总成，如图 3—10 所示。

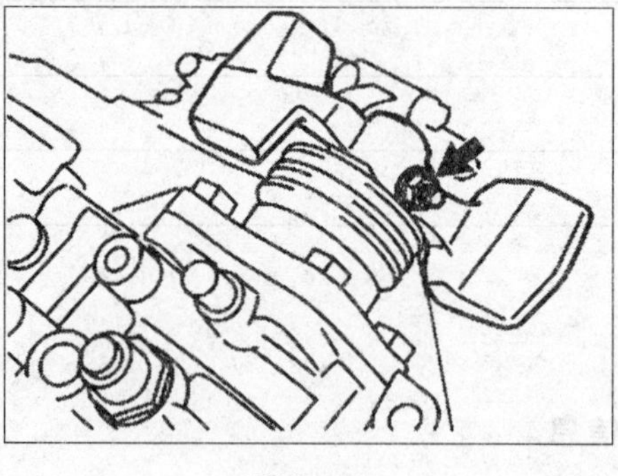

图 3—9

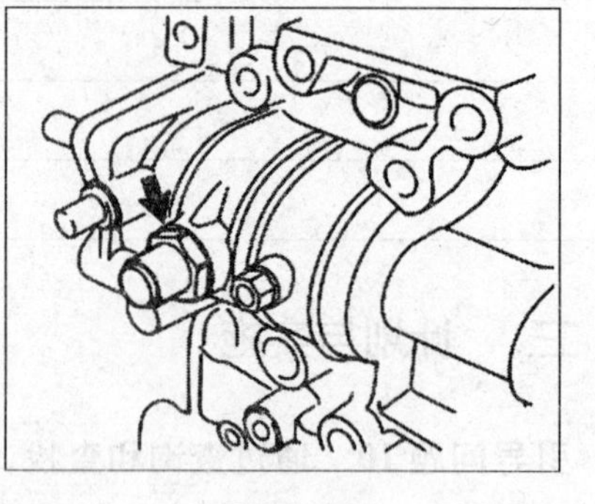

图 3—10

□ 步骤 10：拆卸换挡导销，如图 3—11 所示。

□ 步骤 11：拆卸控制轴罩，如图 3—12 所示。

□ 步骤 12：拆卸控制轴罩油封。

□ 步骤 13：拆卸换挡和选挡拉杆轴总成。

□ 步骤 14：拆卸手动变速器壳罩分总成。

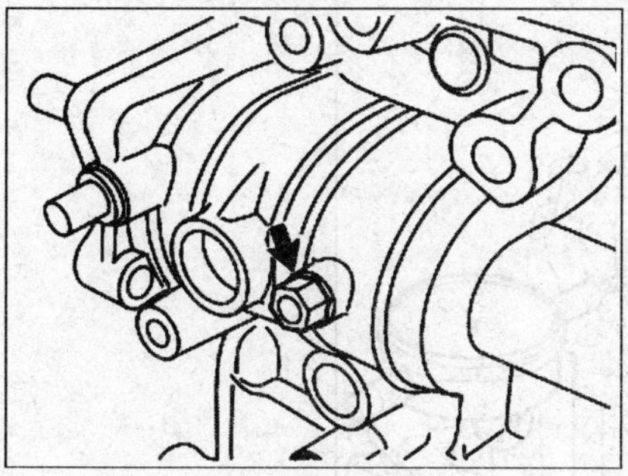

图 3—11

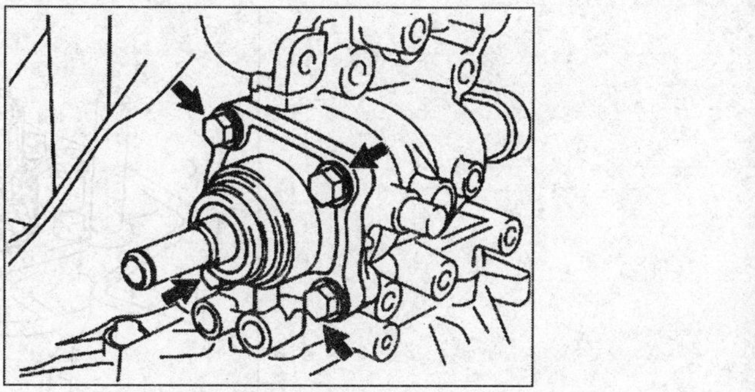

图 3—12

□ 步骤 15：拆卸手动变速器输出轴后定位螺母。

□ 步骤 16：拆卸 3 号齿轮换挡拨叉，如图 3—13 所示。

□ 步骤 17：检查 5 挡齿轮轴向间隙，如图 3—14 所示。

标准间隙：0. 10 ~0. 55 mm。

最大间隙：0. 55 mm。

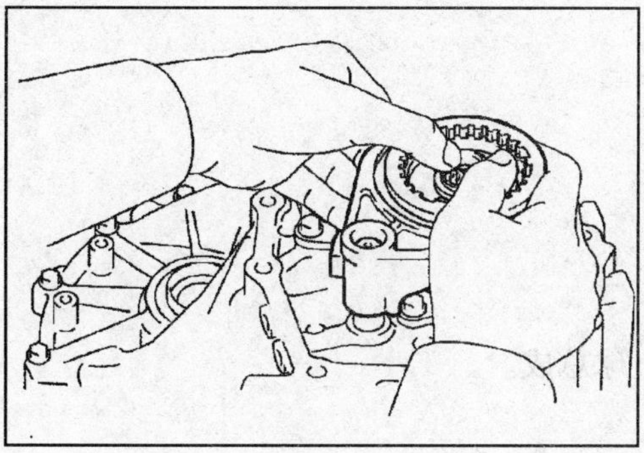

图 3—13

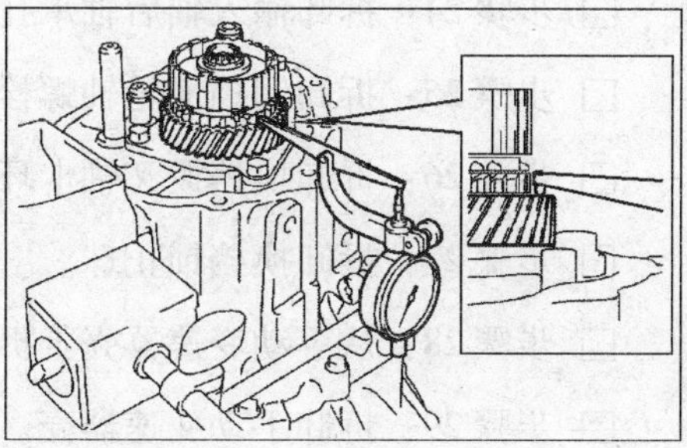

图 3—14

5 挡齿轮轴向间隙实际测量值：__________

正常 □　　不正常 □

□ 步骤 18：检查 5 挡齿轮径向间隙，如图 3—15 所示。

标准间隙：0. 015 ~0. 058 mm。

最大间隙：0. 058 mm。

5 挡齿轮径向间隙实际测量值：__________

正常 □　　不正常 □

□ 步骤 19：拆卸 3 号变速器离合器毂。

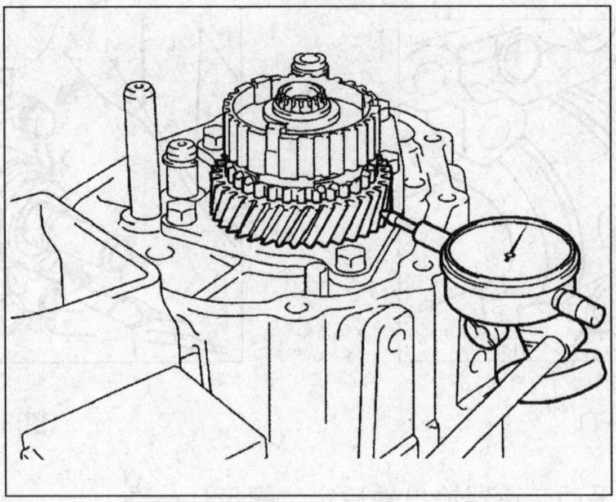

图 3—15

□ 步骤 20：拆卸 5 挡齿轮滚针轴承。

□ 步骤 21：拆卸 5 挡从动齿轮。

□ 步骤 22：拆卸后轴承挡圈。

□ 步骤 23：拆卸输出轴后轴承孔卡环。

□ 步骤 24：拆卸输入轴后轴承孔卡环。

□ 步骤 25：拆卸倒挡惰轮轴螺栓。

□ 步骤 26：拆卸换挡拨叉轴卡环。

□ 步骤 27：拆卸换挡锁止球。

□ 步骤 28：从手动变速器壳上拆下 2 号锁止球总成。

□ 步骤 29：拆卸手动变速器壳。

□ 步骤 30：拆卸倒挡惰轮分总成，如图 3—16 所示。

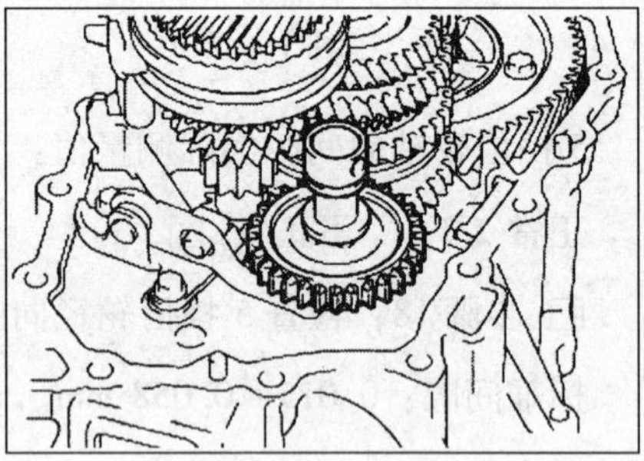

图 3—16

□ 步骤 31：拆卸倒挡拨臂支架总成。

□ 步骤 32：拆卸 2 号齿轮换挡拨叉轴。

□ 步骤 33：拆卸 1 号齿轮换挡拨叉轴。

□ 步骤 34：拆卸 3 号齿轮换挡拨叉轴。

□ 步骤 35：拆卸输入轴总成，如图 3—17 所示。

□ 步骤 36：拆卸差速器箱总成。

□ 步骤 37：拆卸传动桥壳收集器。

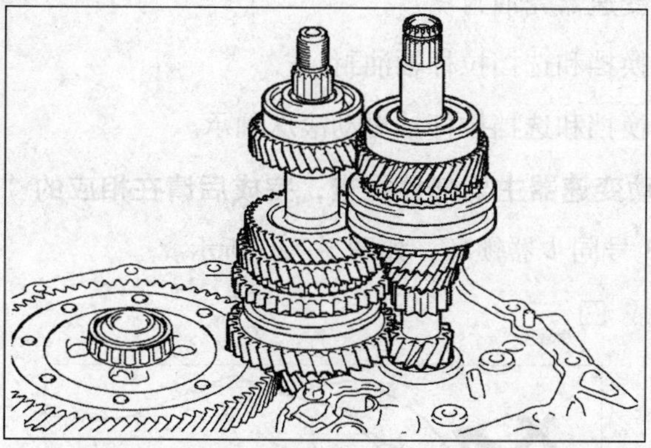

图 3—17

□ 步骤 38：拆卸倒挡限制销总成。

□ 步骤 39：拆卸 1 号变速器油收集器管，如图 3—18 所示。

□ 步骤 40：拆卸 2 号变速器油收集器管。

□ 步骤 41：拆卸轴承锁止板。

□ 步骤 42：拆卸变速器箱体磁铁。

□ 步骤 43：拆卸输入轴前轴承。

□ 步骤 44：拆卸前传动桥壳油封。

□ 步骤 45：拆卸输出轴前轴承。

□ 步骤 46：拆卸输出轴罩。

□ 步骤 47：拆卸前差速器箱前锥形滚柱轴承，如图 3—19 所示。

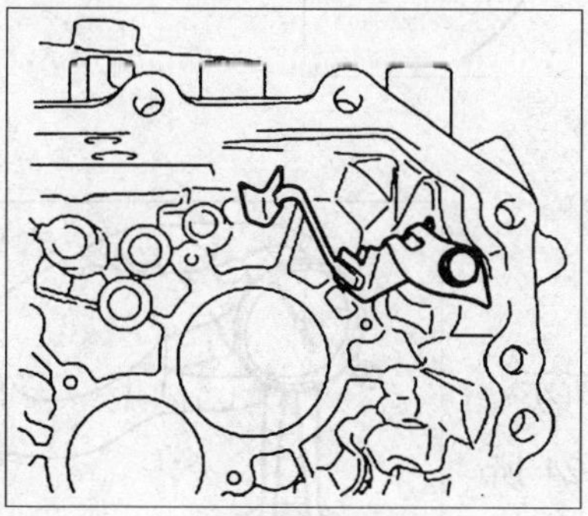

图 3—18

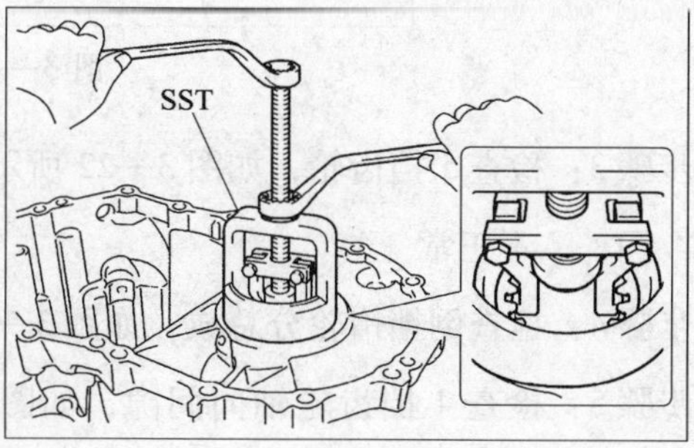

图 3—19

□ 步骤 48：拆卸传动桥壳油封。

□ 步骤 49：拆卸前差速器箱后锥形滚柱轴承。

□ 步骤 50：拆卸变速器壳油封。

□ 步骤 51：拆卸换挡和选挡拉杆轴油封。

□ 步骤 52：拆卸换挡和选挡拉杆轴滑动滚珠轴承。

引导问题 12　手动变速器主要部件检查，完成后请在相应的“□”内打“√”。

□ 步骤 1：检查 3 号同步器锁环，如图 3—20 所示。

正常 □　　不正常 □

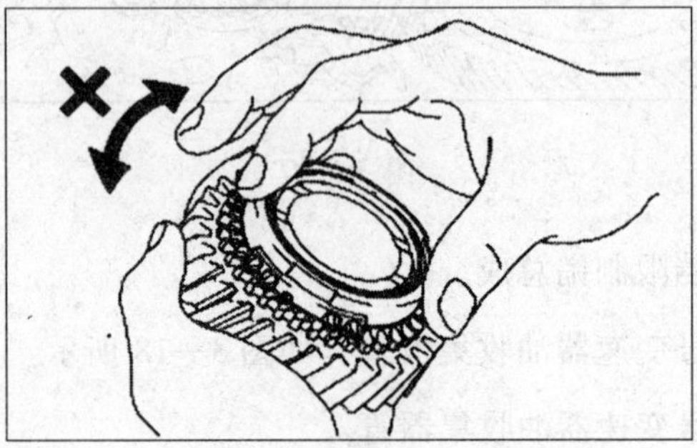

图 3—20

□ 步骤 2：检查 3 号变速器毂套，如图 3—21 所示。

正常 □　　不正常 □

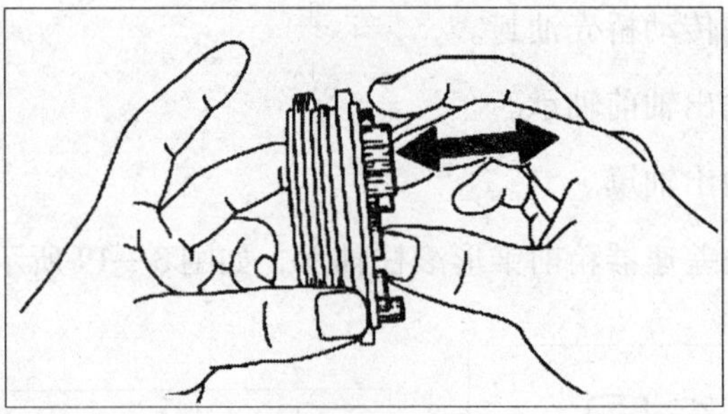

图 3—21

□ 步骤 3：检查 5 挡齿轮，如图 3—22 所示。

正常 □　　不正常 □

□ 步骤 4：检查倒挡惰轮分总成，如图 3—23 所示。

□ 步骤 5：检查 4 挡齿轮轴向间隙，如图 3—24 所示。

标准间隙：0. 1 ~0. 55 mm。

最大间隙：0. 55 mm。

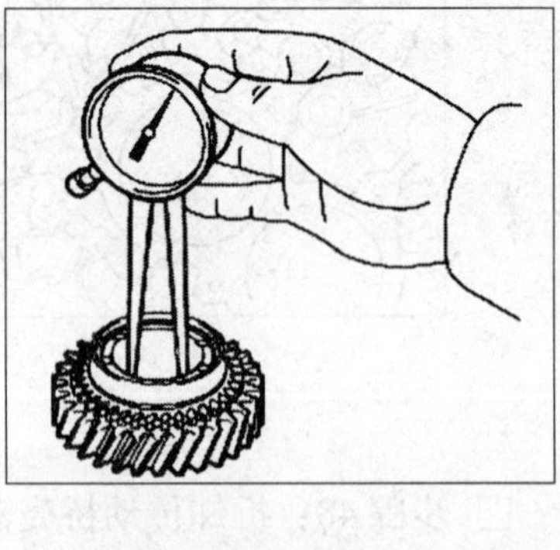

图 3—22

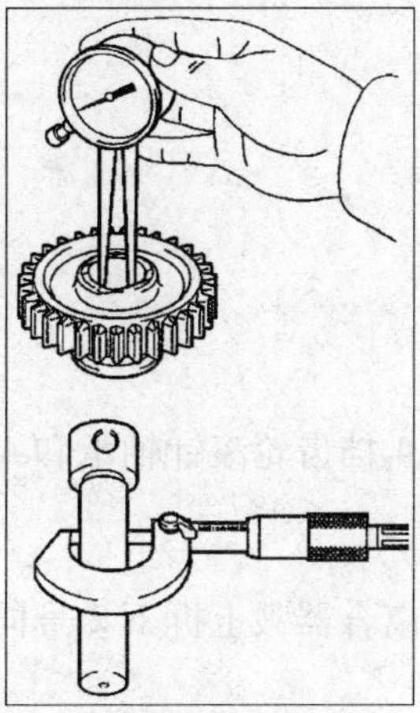

图 3—23

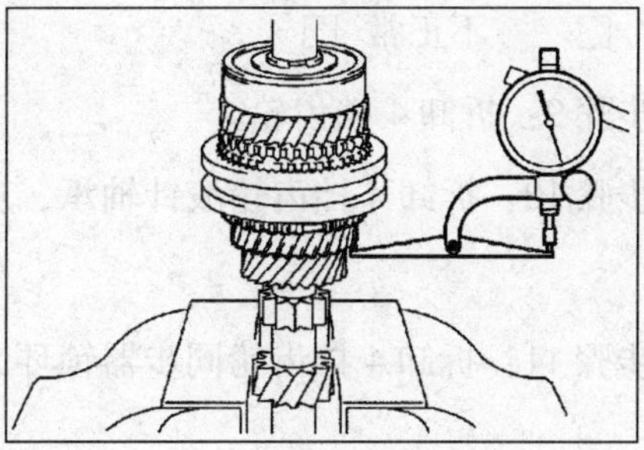

图 3—24

4 挡齿轮轴向间隙实际测量值：__________

正常 □　　不正常 □

□ 步骤 6：检查 3 挡齿轮轴向间隙。

标准间隙：0. 1 ~0. 35 mm。

最大间隙：0. 35 mm。

3 挡齿轮轴向间隙实际测量值：__________

正常 □　　不正常 □

□ 步骤 7：检查 4 挡齿轮径向间隙，如图 3—25 所示。

标准间隙：0. 009 ~0. 050 mm。

最大间隙：0. 050 mm。

4 挡齿轮径向间隙实际测量值：__________

正常 □　　不正常 □

□ 步骤 8：检查 3 挡齿轮径向间隙，如图 3—26 所示。

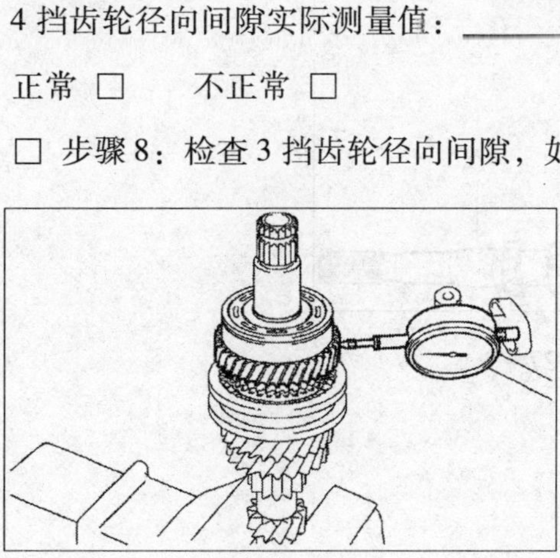

图 3—25

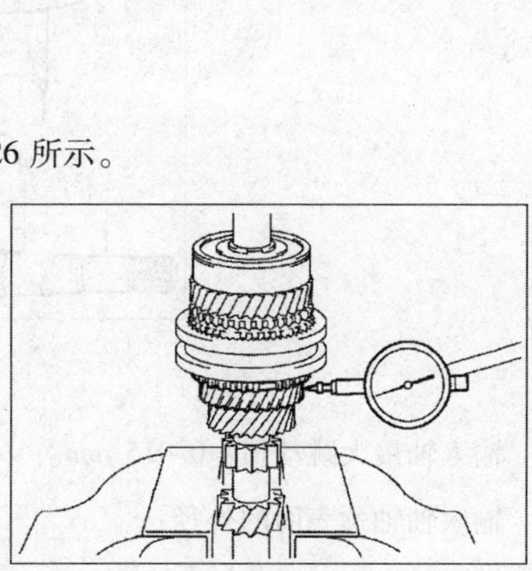

图 3—26

标准间隙：0. 015 ~0. 058 mm。

最大间隙：0. 058 mm。

3 挡齿轮径向间隙实际测量值：__________

正常 □　　不正常 □

□ 步骤9：拆卸4 挡齿轮。

□ 步骤10：拆卸4 挡齿轮滚针轴承，从输入轴上拆下4 挡齿轮滚针轴承和4 挡齿轮轴承隔圈。

□ 步骤11：拆卸4 挡齿轮同步器锁环，从2 号传动桥离合器毂上拆下2 号同步器锁环组件。

□ 步骤12：拆卸3 挡齿轮。

□ 步骤13：拆卸3 挡齿轮同步器锁环，从3 挡齿轮上拆下2 号同步器锁环。

□ 步骤14：拆卸3 挡齿轮滚针轴承，从输入轴上拆下3 挡滚针轴承。

□ 步骤15：拆卸2 号变速器毂套。从2 号变速器离合器毂上拆下2 号变速器毂套、3 个换挡键和3 个换挡键弹簧。

□ 步骤16：检查输入轴，如图3—27 所示。

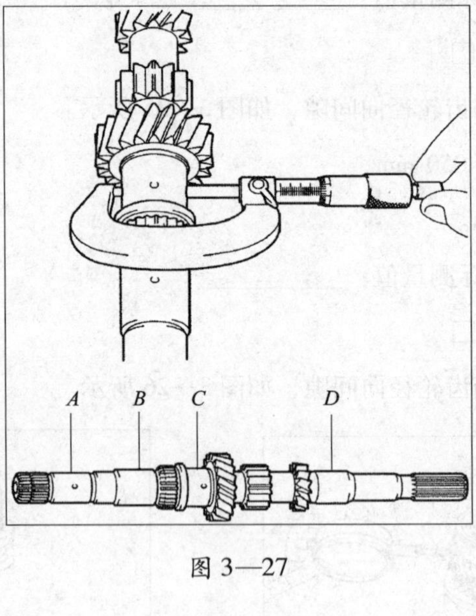

图 3—27

输入轴最大跳动值：0. 015 mm。

输入轴轴颈表面的外径：

A 部位：__________（标准24. 885 ~24. 900 mm）

B 部位：__________（标准 28. 991 ~29. 006 mm）

C 部位：__________（标准 30. 985 ~31. 000 mm）

D 部位：__________（标准 24. 985 ~25. 000 mm）

□ 步骤 17：检查 4 挡齿轮，用量缸表测量 4 挡齿轮的内径。

标准内径：34. 015 ~34. 031 mm。

最大内径：34. 031 mm。

4 挡齿轮的内径实际测量值：__________

正常 □　　不正常 □

□ 步骤 18：检查 3 挡齿轮，用量缸表测量 3 挡齿轮的内径。

标准内径：36. 015 ~36. 031 mm。

最大内径：36. 031 mm。

3 挡齿轮的内径实际测量值：__________

正常 □　　不正常 □

□ 步骤 19：检查 4 挡齿轮同步器锁环。

正常 □　　不正常 □

□ 步骤 20：检查 3 挡齿轮同步器锁环。

正常 □　　不正常 □

□ 步骤 21：检查 2 号变速器毂套。用游标卡尺测量 2 号变速器毂套槽的宽度（*A*）和 2 号齿轮换挡拨叉上的定位爪的厚度（*B*），并计算间隙，如图 3—28 所示。

间隙（$A-B$）：______________（标准：0. 15 ~0. 35 mm）。

□ 步骤 22：检查 1 挡齿轮轴向间隙，用测隙规测量 1 挡齿轮轴向间隙。

标准间隙：0. 10 ~0. 40 mm。

最大间隙：0. 40 mm。

1 挡齿轮轴向间隙实际测量值：____________

正常 □　　不正常 □

□ 步骤 23：检查 2 挡齿轮轴向间隙，用百分表测量 2 挡齿轮轴向间隙。

标准间隙：0. 10 ~0. 55 mm。

最大间隙：0. 55 mm。

2 挡齿轮轴向间隙实际测量值：__________

正常 □　　不正常 □

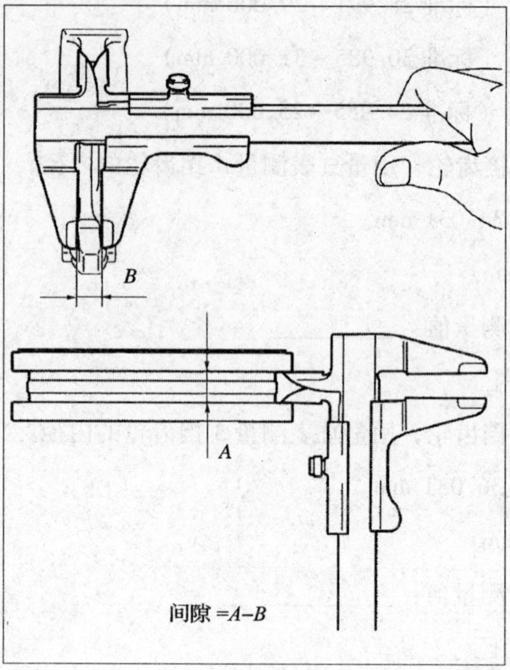

图 3—28

☐ 步骤 24：检查 1 挡齿轮径向间隙，用百分表测量齿轮和轴之间的 1 挡齿轮径向间隙。

标准间隙：0. 015 ~ 0. 056 mm。

最大间隙：0. 056 mm。

1 挡齿轮径向间隙实际测量值：________

正常 ☐　　不正常 ☐

☐ 步骤 25：检查 2 挡齿轮径向间隙，用百分表测量齿轮和轴之间的 2 挡齿轮径向间隙。

标准间隙：0. 015 ~ 0. 056 mm。

最大间隙：0. 056 mm。

2 挡齿轮径向间隙实际测量值：________

正常 ☐　　不正常 ☐

☐ 步骤 26：拆卸 4 挡从动齿轮，用 SST 和压力器从输出轴上拆下输出轴后轴承和 4 挡从动齿轮。

☐ 步骤 27：拆卸输出齿轮隔圈，从输出轴上拆下输出齿轮隔圈。

□ 步骤 28：拆卸 2 挡齿轮，用 SST 和压力器将 3 挡从动齿轮和 2 挡齿轮从输出轴上拆下。

□ 步骤 29：拆卸 2 挡齿轮滚针轴承，从输出轴上拆下 2 挡齿轮滚针轴承和 2 挡齿轮轴承隔圈。

□ 步骤 30：拆卸 1 号同步器锁环（2 挡齿轮），从输出轴上拆下 1 号同步器锁环。

□ 步骤 31：拆卸 1 挡齿轮。

□ 步骤 32：拆卸 1 号同步器锁环（1 挡齿轮），从 1 挡齿轮上拆下 1 号同步器锁环。

□ 步骤 33：拆卸 1 挡齿轮滚针轴承，从输出轴上拆下 1 挡齿轮滚针轴承。

□ 步骤 34：拆卸 1 挡齿轮止推垫圈，从输出轴上拆下 1 挡齿轮止推垫圈。

□ 步骤 35：拆卸 1 挡齿轮止推垫圈销或球，从输出轴上拆下 1 挡齿轮止推垫圈销或球。

□ 步骤 36：拆卸倒挡齿轮，从 1 号变速器离合器毂上拆下倒挡齿轮、3 个同步啮合换挡键和 3 个同步啮合换挡键弹簧。

□ 步骤 37：检查输出轴，如图 3—29 所示。

输出轴最大跳动值：0. 015 mm。

输出轴轴颈表面标准外径：

A 部位：________（标准 31. 985 ~ 32. 000 mm）。

B 部位：________（标准 37. 985 ~ 38. 000 mm）。

C 部位：________（标准 32. 985 ~ 33. 000 mm）。

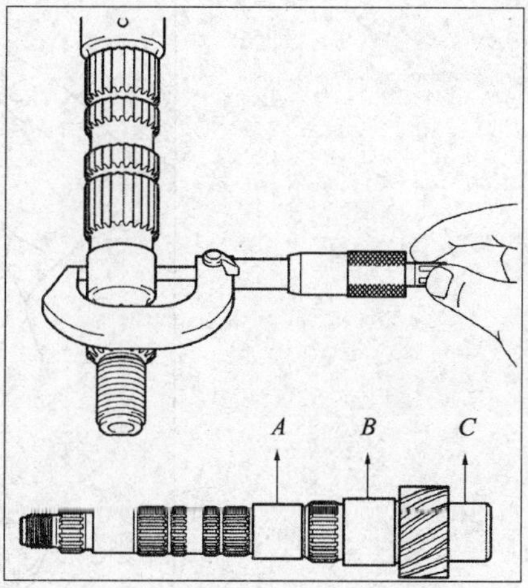

图 3—29

□ 步骤 38：检查 2 挡齿轮，用量缸表测量 2 挡齿轮的内径。

标准内径：38. 015 ~ 38. 031 mm。

最大内径：38. 031 mm。

2 挡齿轮的内径实际测量值：__________

正常 □　　不正常 □

□ 步骤 39：检查 1 挡齿轮，用量缸表测量 1 挡齿轮的内径。

标准内径：44. 015 ~ 44. 031 mm。

最大内径：44. 031 mm。

1 挡齿轮的内径实际测量值：__________

正常 □　　不正常 □

□ 步骤 40：检查 1 挡齿轮止推垫圈，用测微计测量 1 挡齿轮止推垫圈。

标准厚度：5. 975 ~ 6. 025 mm。

最小厚度：5. 975 mm。

1 挡齿轮止推垫圈实际测量值：__________

正常 □　不正常 □

□ 步骤 41：检查 1 号同步器锁环（2 挡齿轮）。

正常 □　不正常 □

□ 步骤 42：检查 1 号同步器锁环（1 挡齿轮）。

正常 □　不正常 □

□ 步骤 43：检查倒挡齿轮，如图 3—30 所示。用游标卡尺测量倒挡齿轮槽的宽度（*A*）和倒挡拨叉上的定位爪的厚度（*B*），并计算：

间隙（*A* - *B*）：__________（标准 0. 15 ~ 0. 35 mm）

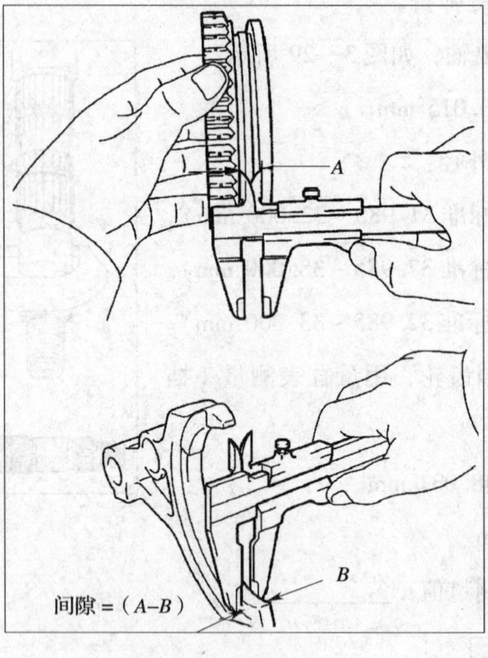

图 3—30

□ 步骤 44：检查 1 号变速器离合器毂。

正常 □　不正常 □

四、 评价与反馈

1. 对本学习任务进行评价

学习评价表

<table>
<tr><th>考核项目</th><th>考核内容</th><th>比例</th><th>学生自评</th><th>小组互评</th><th>教师评价</th><th>小计</th></tr>
<tr><td>团队合作</td><td>是否协调</td><td>5%</td><td></td><td></td><td></td><td></td></tr>
<tr><td>活动参与</td><td>是否积极主动</td><td>5%</td><td></td><td></td><td></td><td></td></tr>
<tr><td>安全生产</td><td>有无安全隐患</td><td>10%</td><td></td><td></td><td></td><td></td></tr>
<tr><td>现场 5S</td><td>是否做到</td><td>10%</td><td></td><td></td><td></td><td></td></tr>
<tr><td rowspan="4">知识掌握情况</td><td>变速器的类型和特点</td><td rowspan="4">45%</td><td rowspan="4"></td><td rowspan="4"></td><td rowspan="4"></td><td rowspan="4"></td></tr>
<tr><td>手动变速器的组成、功用及工作原理</td></tr>
<tr><td>手动变速器的拆装及主要零部件检查</td></tr>
<tr><td>手动变速器的常见故障检修</td></tr>
<tr><td>任务完成情况</td><td>是否圆满完成</td><td>5%</td><td></td><td></td><td></td><td></td></tr>
<tr><td>工具和设备使用</td><td>是否规范、标准</td><td>10%</td><td></td><td></td><td></td><td></td></tr>
<tr><td>劳动纪律</td><td>是否能严格遵守</td><td>5%</td><td></td><td></td><td></td><td></td></tr>
<tr><td>工单填写</td><td>是否完整、规范</td><td>5%</td><td></td><td></td><td></td><td></td></tr>
<tr><td colspan="2">总评</td><td>100%</td><td></td><td></td><td></td><td></td></tr>
<tr><td colspan="5">教师签字：　　　　　　　　　　　　年　　月　　日</td><td>总评</td><td></td></tr>
</table>

2. 总结提高

（1）在实施作业时每一个安全事项都注意到了吗？如果没有，找出忽略的地方和原因。

（2）能否向车主解释故障诊断及排除的过程？如果不能，分析原因并提出改进措施。

五、 学习拓展

你认为在驾驶过程中应如何正确使用手动变速器？

任务四　驱动桥冲击现象故障的检修

学习目标

1. 能够遵守安全操作规范，按章操作，并注重环保意识的养成；

2. 能够描述汽驱动桥的结构特点和各零部件的名称；

3. 能够熟练叙述主减速器的基本组成和工作原理；

4. 能够熟练叙述差速器的基本组成和工作原理；

5. 能够对驱动桥的主要零部件进行检查、修复或更换；

6. 能够运用维修手册和网络查阅相关技术资料；

7. 学会收集信息、制定计划、组织实施、成果展示、小组评价等教学活动；

8. 能够正确使用工具、量具和检测维修设备；

9. 能够正确填写学习工作页或工作记录单，对测量检修项目作记录并存档。

学习准备

检查所在工位具有的工具、量具及耗材，完成后在“□”内打“√”，如有补充，请直接填写。

驱动桥总成，类型：______________ □

主减速器和后桥拆装架 □

专用工具一套 □

货架式工具车及常规工具 □

游标卡尺、百分表及表座 □

汽车举升机、零件小车 □

砂布、钢丝刷、棉纱等 □

其他，请补充：______________ □

建议学时

36 课时

学习过程

一、 情境导入

一位车主开着自己的车来到某品牌 4S 店，反映车辆在起步时，会产生向前冲击的现象，服务顾问接车后初步判断了故障，承诺交车时间。你作为维修人员按要求在规定时间内检修驱动桥冲击现象的故障。

二、 信息收集

引导问题 1　驱动桥的结构组成与功能如何？

（1）如图 4—1 所示，驱动桥由__________、__________、__________、和

____________组成。

（2）驱动桥的功能：

1）____；

2）____；

3）____。

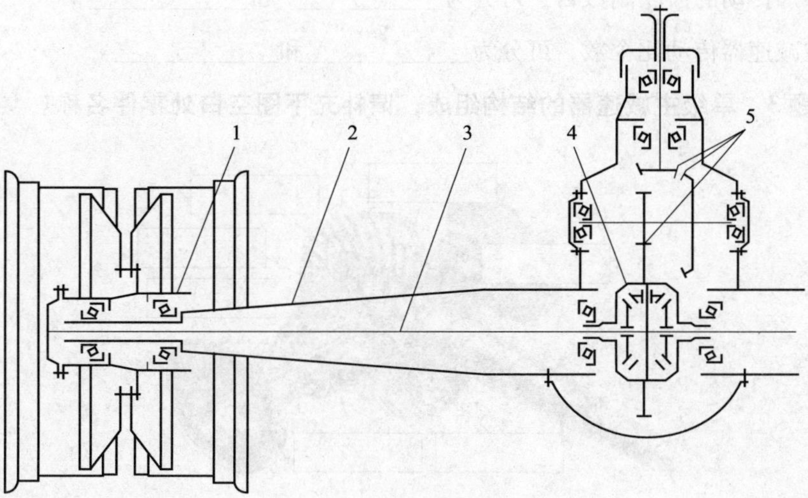

图 4—1　驱动桥的组成

（3）阅读下图，简述汽车动力传递的路线：

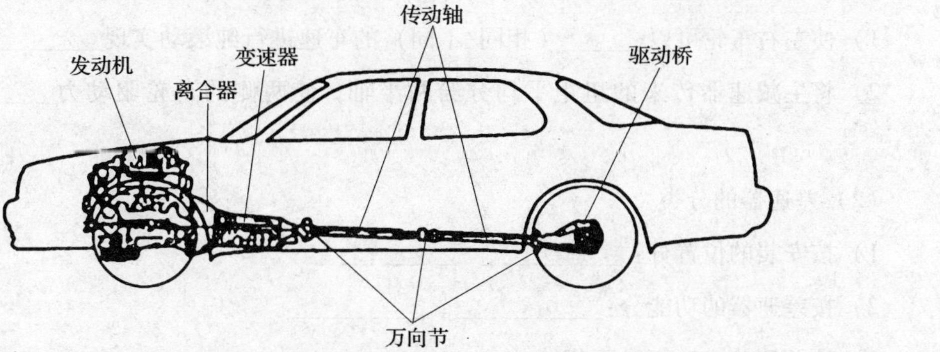

图 4—2　普通机械式传动系统构成

汽车动力传动路线：____

____

引导问题 2　主减速器的功用及种类有哪些？

（1）主减速器的功用

1）将万向传动装置传来的发动机转矩传给__________。

2）在动力的传动过程中要将转矩______（增大/降低）并相应______（增大、降低）转速。

3）对于纵置发动机，还要将转矩的旋转方向改变__________。

（2）主减速器的分类

1）按参加传动的齿轮副数目，可分为__________和__________。

2）按主减速器传动比个数，可分为__________和__________。

引导问题 3　单级主减速器的结构组成，请补充下图空白处零件名称。

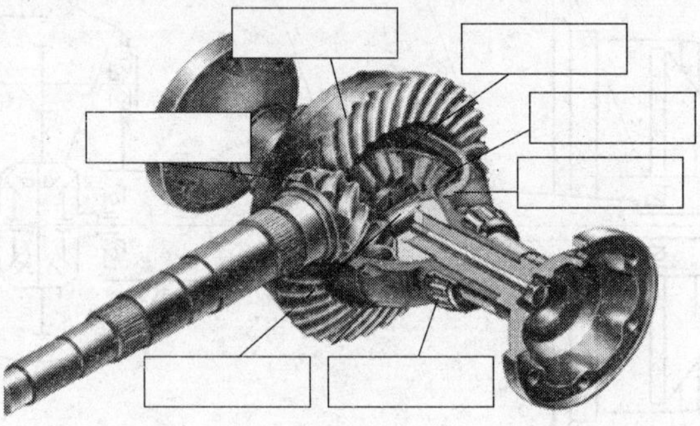

图 4—3　单级主减速器的组成

引导问题 4　差速器的功用及分类有哪些？

（1）差速器的功用

1）使左右车轮可以______（相同/不同）的车速进行纯滚动实现__________。

2）将主减速器传来的扭矩平均分给两半轴，使两侧的车轮驱动力______（相等/不等）。

（2）差速器的分类

1）按安装的位置分：__________、__________。

2）按差速器的功能分：__________、__________。

3）按两侧输出转矩是否相等分：__________、__________。

引导问题 5　读图 4—4，写出普通齿轮差速器各部件名称。

引导问题 6　差速器的工作原理如何？

（1）根据图 4—5 写出差速器的动力传递路线。

主减速器 ⟶ __________ ⟶ __________ ⟶ __________ ⟶ __________ ⟶两侧驱动车轮。

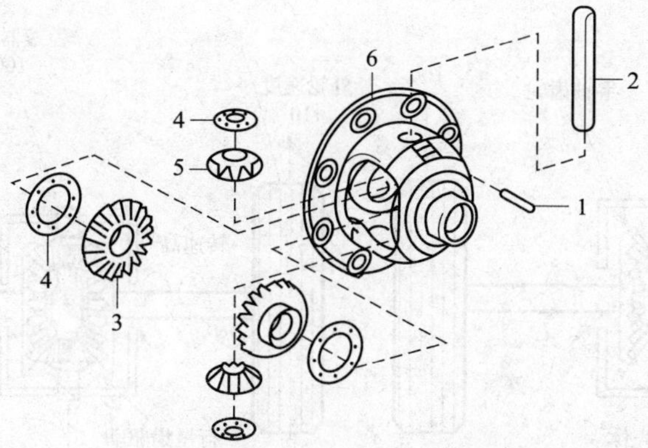

图 4—4　普通差速器的组成

1—__________　2—__________　3—__________

4—__________　5—__________　6—__________

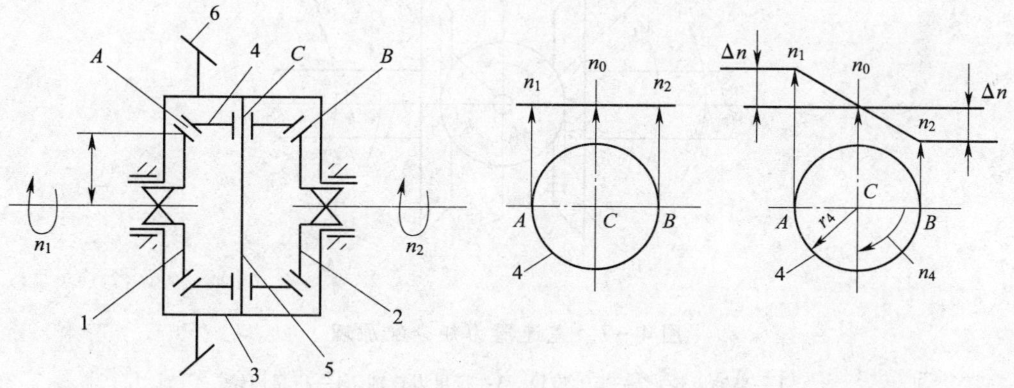

图 4—5　差速器运动原理

1，2—半轴齿轮　3—差速器壳　4—行星齿轮　5—行星齿轮轴　6—主减速器从动齿轮

（2）两侧车轮的运动关系，读图 4—6 完成填空：当两侧车轮阻力相同时，行星齿轮绕半轴轴线转动——______（公转/自转），两半轴齿轮带动两侧车轮以______（相同/不同）转速转动。当两侧车轮阻力不同时，行星齿轮在作______（公转/自转）运动的同时，还绕自身轴线转动——__________（公转/自转），两半轴齿轮带动两侧车轮以不同转速转动。

（3）差速器转矩分配，读图 4—7 完成填空：

1）直线行驶时，行星齿轮没有自转，转矩平均分配给左、右半轴，即：__________。

2）右转弯时，行星齿轮自转，产生摩擦转矩 $M4$，使转速快的半轴 1 的转矩减小，使转速快的半轴 2 的转矩增大，但由于 $M4$ 很小，半轴 1、2 的转矩几乎不变，仍为__________。

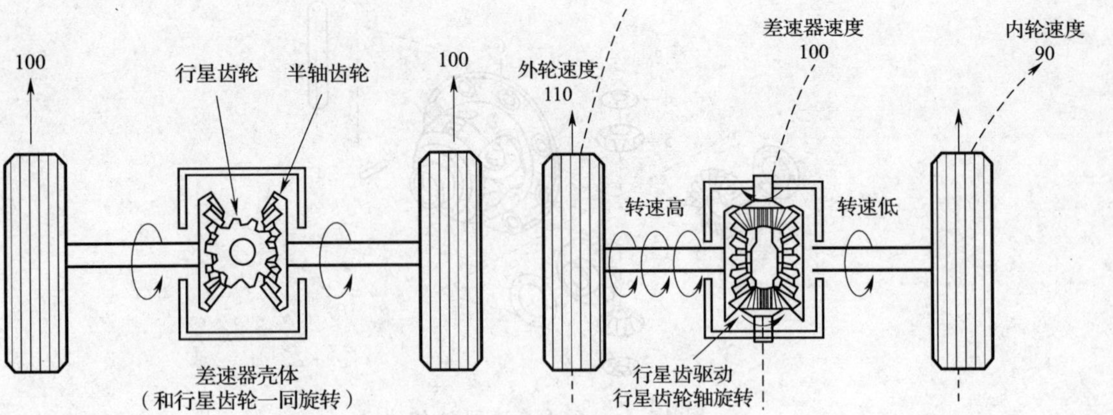

图 4—6　两侧车轮的运动关系

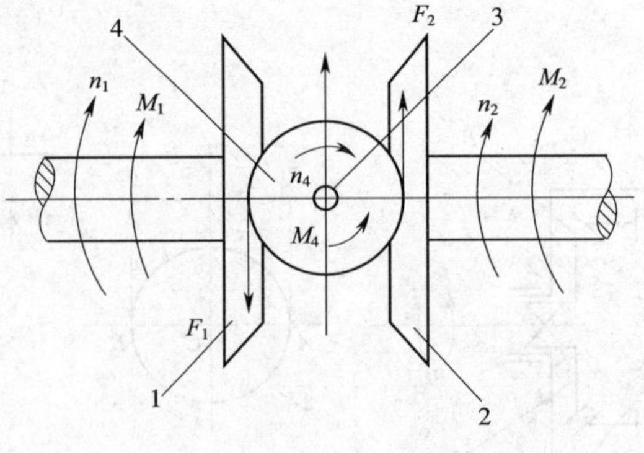

图 4—7　差速器力矩分配原理

1—半轴齿轮　2—半轴齿轮　3—行星齿轮轴　4—行星齿轮

3）无论差速器差速与否，普通行星齿轮差速器都具有____________的特性。

引导问题 7　半轴的功能及类型有哪些？

（1）半轴是一根在____________和____________间传递动力的实心圆轴。内端连接____________的花键，外端连接____________。

（2）半轴支承型式：____________；____________。

引导问题 8　驱动桥壳类型有哪些？

驱动桥壳分为____________和____________两类。

三、 计划与实施

引导问题 9　通过查询和查找，填写以下信息。

使用车型	
驱动桥类型	
使用工具、设备	

引导问题 10　差速器总成的拆卸，完成后请在相应的“□”内打“√”。

□ 步骤 1：在差速器轴承盖与轴承座上做好标记，拆卸时差速器两侧的组件不能互换，如图 4—8 所示。

□ 步骤 2：拆下差速器支承轴承调整螺母锁片的固定螺栓，取下锁片，如图 4—9 所示。

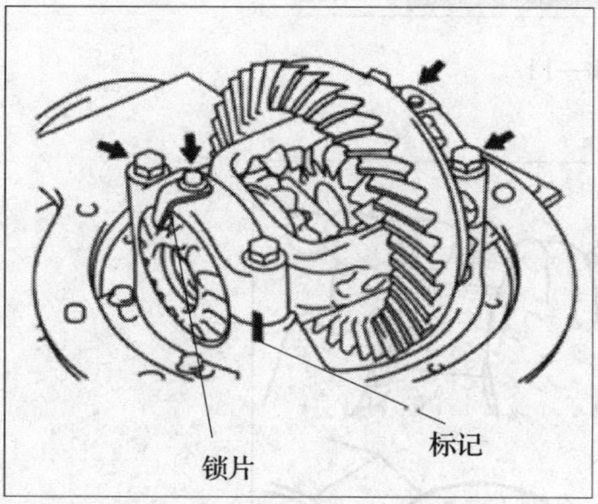

图 4—8

图 4—9

□ 步骤 3：取下差速器支承轴承调整螺母、支承轴承外座圈、轴承盖，取下差速器总成，如图 4—10 所示。

□ 步骤 4：在从动齿轮和差速器壳标配合记号，如图 4—11 所示。

□ 步骤 5：将差速器固定在台虎钳上，翘平差速器壳上的主减速器从动齿轮锁片，如图 4—12 所示。

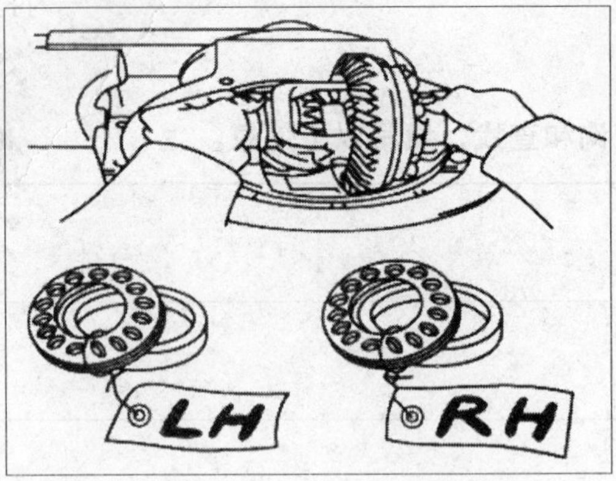

图 4—10

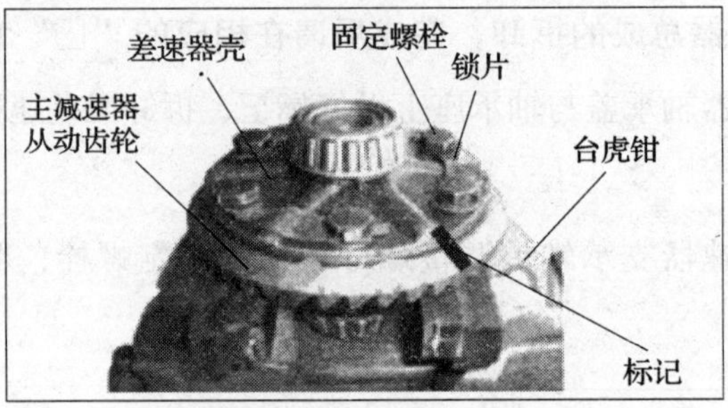

图 4—11

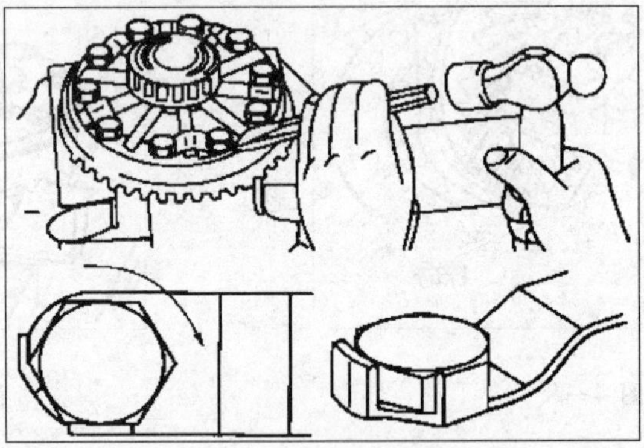

图 4—12

□ 步骤6：拆卸螺栓时，应按照对角线顺序，依次均匀松开、拆卸每个螺栓，如图4—13 所示。

□ 步骤7：取下主减速器从动齿轮。

引导问题 11　差速器的分解，完成后请在相应的“□”内打“√”。

□ 步骤 1：将差速器总成装在拆装架或台虎钳上、用拉器拉出两侧支承轴承，如图 4—14 所示。

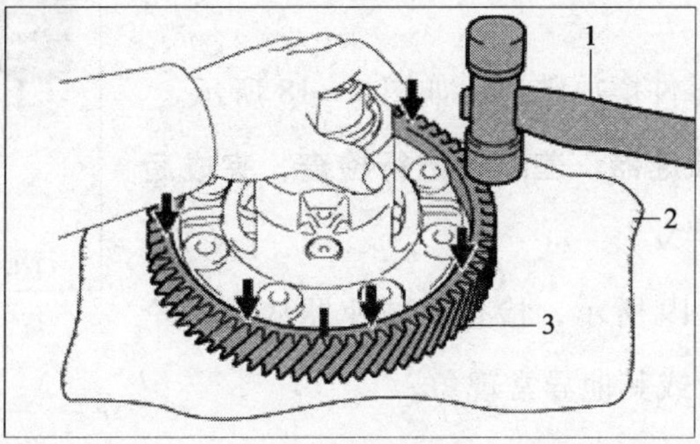

图 4—13

1—塑料锤　2—齿圈　3—布

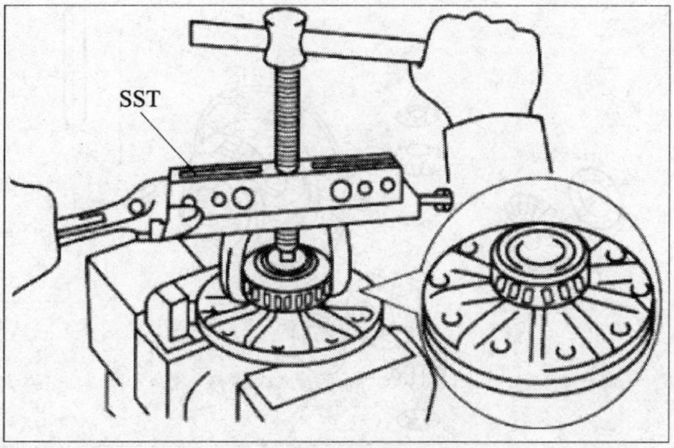

图 4—14

□ 步骤 2：用冲子将行星齿轮轴锁销冲出，用工具取出行星齿轮轴，如图 4—15 所示。

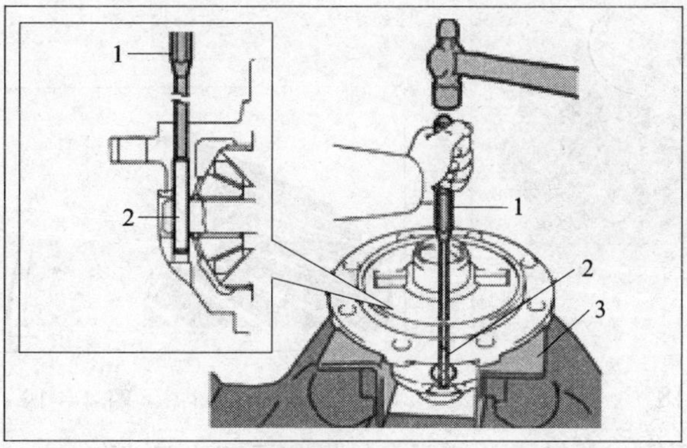

图 4—15

1—销冲　2—锁销　3—铝板

□ 步骤3：旋转半轴齿轮使行星齿轮转至差速器壳窗口处，取出行星齿轮和止推垫片，如图4—16所示。

□ 步骤4：取出半轴齿轮、半轴齿轮止垫片及半轴内油封，如图4—17所示。

□ 步骤5：将各个零件摆放整齐，如图4—18所示。

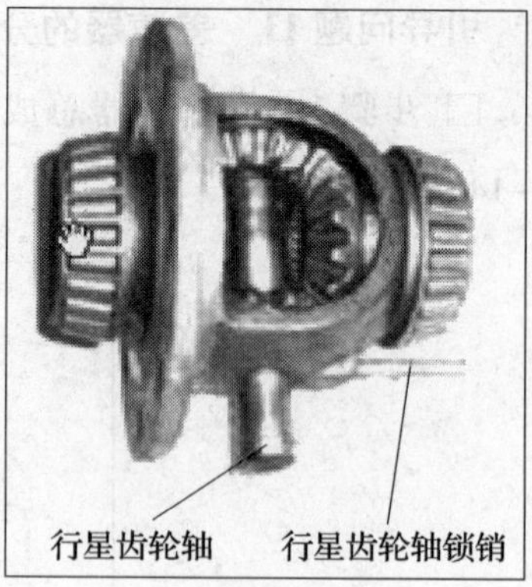

图4—16

引导问题12 对主减速器、差速器进行检查，完成后请在相应的"□"内打"√"。

□ 步骤1：如图4—19所示，检查主减速器从动齿轮是否有划伤、破裂、断齿或其他异常现象。

正常 □　　划伤 □　　破裂 □　　断齿 □

其他异常，请补充：__________□

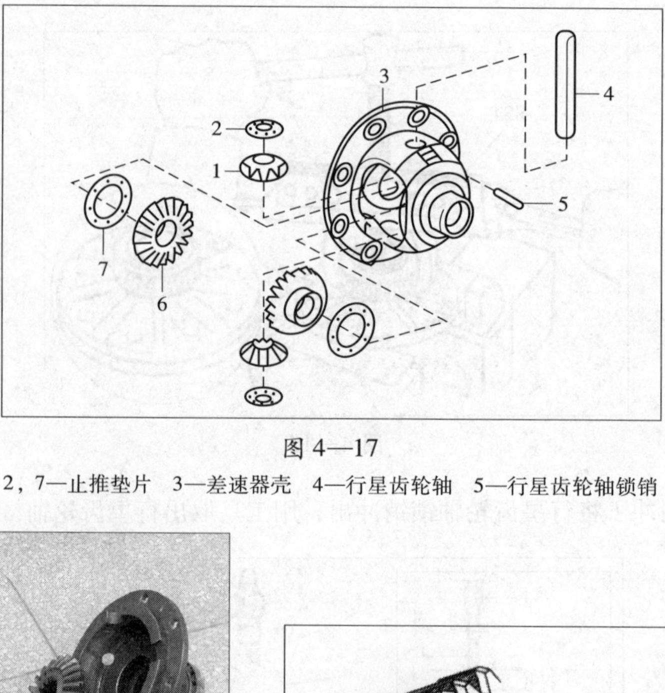

图4—17

1—行星齿轮　2，7—止推垫片　3—差速器壳　4—行星齿轮轴　5—行星齿轮轴锁销　6—半轴齿轮

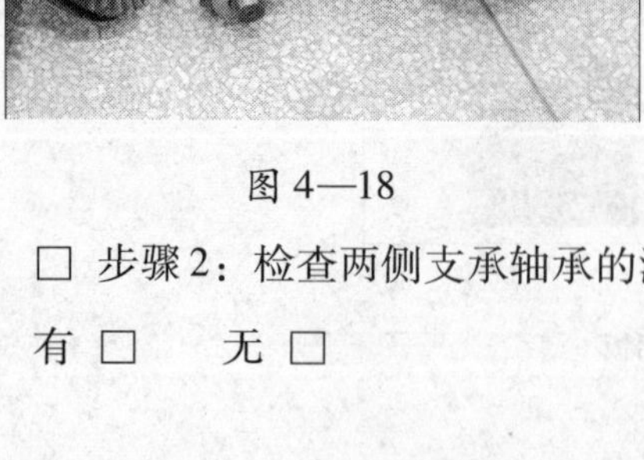

图4—18

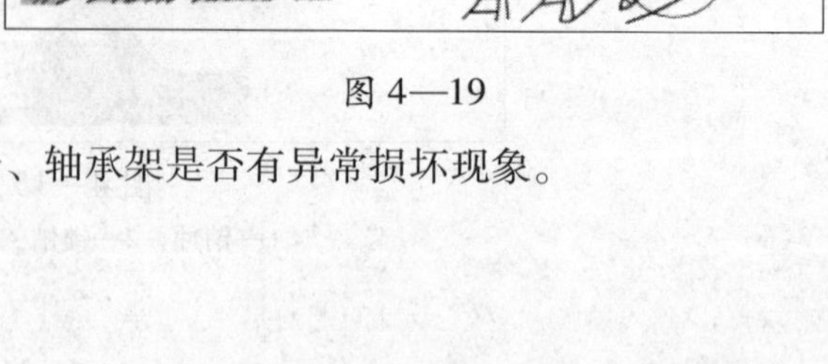

图4—19

□ 步骤2：检查两侧支承轴承的滚子、轴承架是否有异常损坏现象。

有 □　　无 □

□ 步骤 3：检查止推垫片厚度、行星齿轮轴外径，完成表 4—1。

表 4—1　检测记录表

测量项目	测量工具	测量数值	标准数值（参考）	维修建议
止推垫片厚度				
行星齿轮轴外径			行星齿轮轴孔与行星齿轮轮轴的配合间隙不得大于 0.1 ~ 0.15 mm	

□ 步骤 4：测量主、从动齿轮的啮合齿隙、半轴与行星齿轮啮合间隙，完成表 4—2。

□ 步骤 5：对检查不合格部件进行更换。

引导问题 13　组装差速器、主减速器，完成后请在相应的“□”内打“√”。

□ 步骤 1：清洗所有零部件。

□ 步骤 2：组装差速器，装上从动双曲线齿轮，装上从动齿轮轴承盖并调整从动齿轮轴承预紧力。

□ 步骤 3：将主动双曲线齿轮和油封座安装在锥齿轮轴承座上，并通过垫片调节主动齿轮轴承预紧力。

□ 步骤 4：安装主动双曲线齿轮，通过调整主动锥齿轮轴承座与主减速器壳体之间垫片和旋动从动锥齿轮两侧螺母，调整主、从动锥齿轮的啮合间隙和啮合印痕。

表 4—2　检测记录表

测量项目	测量工具	测量数值	标准数值（参考）
半轴齿轮与行星齿轮啮合间隙			0.05 ~ 0.15 mm
主从动齿轮的啮合齿隙			0.12 ~ 0.18 mm

四、 评价与反馈

1. 对本学习任务进行评价

学习评价表

考核项目	考核内容	比例	学生自评	小组互评	教师评价	小计
团队合作	是否协调	5%				
活动参与	是否积极主动	5%				

续表

考核项目	考核内容	比例	学生自评	小组互评	教师评价	小计
安全生产	有无安全隐患	10%				
现场5S	是否做到	10%				
知识掌握情况	驱动桥的结构特点和各零部件的名称	45%				
	主减速器的基本组成和工作原理					
	差速器的基本组成和工作原理					
	驱动桥的主要零部件进行检查、修复或更换					
任务完成情况	是否圆满完成	5%				
工具和设备使用	是否规范、标准	10%				
劳动纪律	是否能严格遵守	5%				
工单填写	是否完整、规范	5%				
总评		100%				
教师签字：			年　月　日		总评	

2. 总结提高

（1）在实施作业时每一个安全事项都注意到了吗？如果没有，找出忽略的地方和原因。

（2）能否向车主解释故障诊断及排除的过程？如果不能，分析原因并提出改进措施。

五、 学习拓展

驱动桥异响是驱动桥最常见故障现象，请你试分析其故障原因及检修方法。

任务五　转向沉重故障的检修

学习目标

1. 能够遵守安全操作规范，按章操作，并注重环保意识的养成；

2. 能够描述转向系统的组成、作用和工作原理；

3. 能够识别转向系统的主要零部件和不同结构的转向器；

4. 能够通过观察实物或图片判断转向系统的类型；

5. 能够对转向系统的主要零部件进行检查、修复或更换；

6. 能够运用维修手册和网络查阅相关技术资料；

7. 学会收集信息、制定计划、组织实施、成果展示、小组评价等教学活动；

8. 能够正确的使用工量具和检测维修设备；

9. 能够正确填写学习工作页或工作记录单，对测量检修项目作记录并存档。

学习准备

检查所在工位具有的工量具及耗材，完成后在“□”内打“√”，如有补充，请直接填写。

转向系统，类型：__________________ □

铜棒，拉具，撬棒 □

专用工具一套 □

货架式工具车及常规工具 □

游标卡尺、百分表及表座 □

汽车举升机、零件小车 □

砂布、钢丝刷、棉纱等 □

其他，请补充：____________________ □

建议学时

30 课时

学习过程

一、 情境导入

一辆雅力士 1.4 L 轿车进厂，车主向维修接待反映车子在一次长途旅行之后，现在转动方向盘时要比以前费劲，你作为维修人员按要求在规定时间内检修转向沉重的故障。

二、 信息收集

引导问题 1　转向系统的功能与类型有哪些？

（1）转向系统的作用。转向系统是指由驾驶员操纵，能实现________；（转向轮/驱动轮）变转和复位的一套机构。转向系统的功用是按照驾驶员的意愿改变汽车的行驶________

（方向/速度）和保持汽车稳定的直线行驶。

（2）转向系统的类型。转向系统按转向能源的不同分为：________，________，________，________。

引导问题 2　认识机械转向系统，并在图 5—1 空白处填写零件名称。

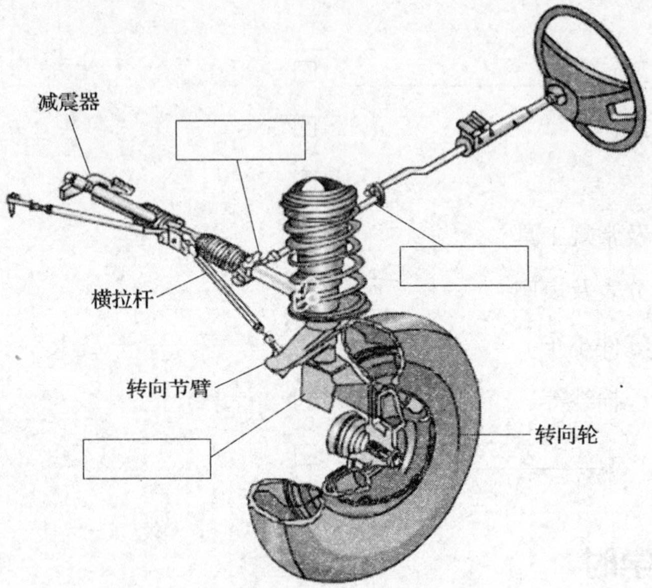

图 5—1　没有助力装置的机械转向系统

引导问题 3　认识液压助力转向系统，并在图 5—2 空白处填写零件名称。

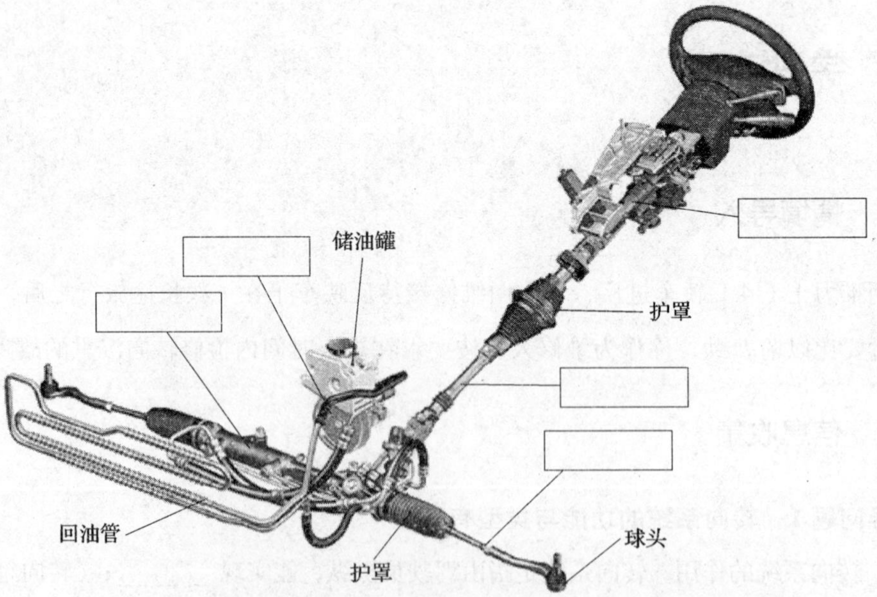

图 5—2　液压动力转向系统各零件名称

引导问题 4　转向器作用与类型有哪些？

（1）转向器作用是：____

____。

（2）转向器的类型有：________、________和________。图 5—3a 属于________式转向器，图 5—3b 属于________式转向器；图 5—3c 属于________式转向器。

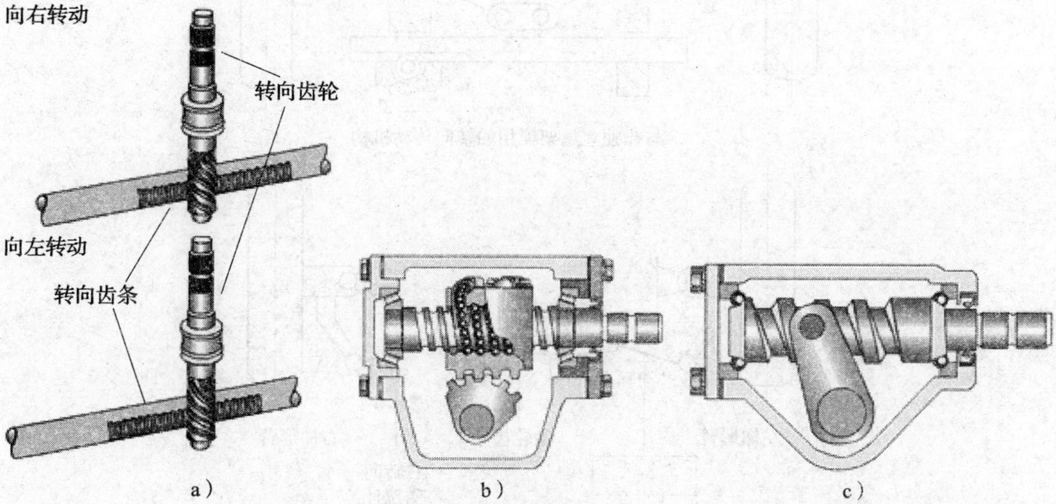

图 5—3　转向器的类型

引导问题 5　读转向操纵机构结构图，并在图 5—4 空白处补充零件名称。

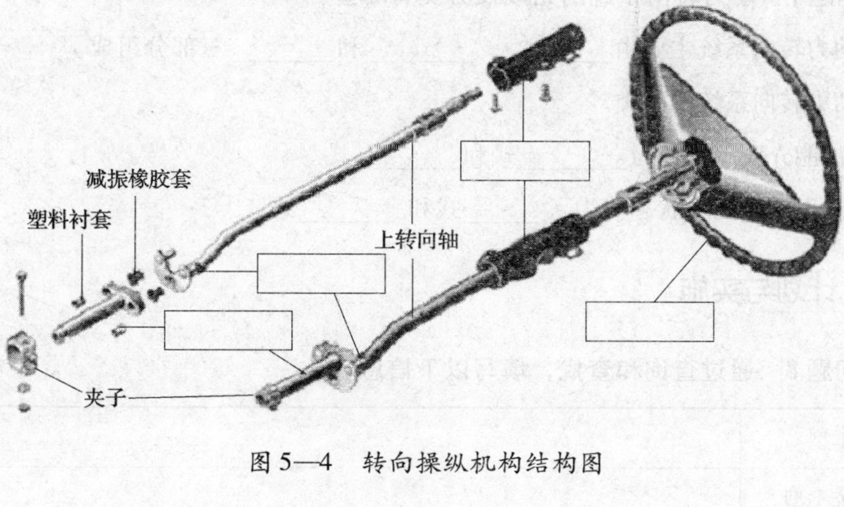

图 5—4　转向操纵机构结构图

引导问题 6　读转向传动机构结构图，并在图 5—5 空白处填写零件名称。

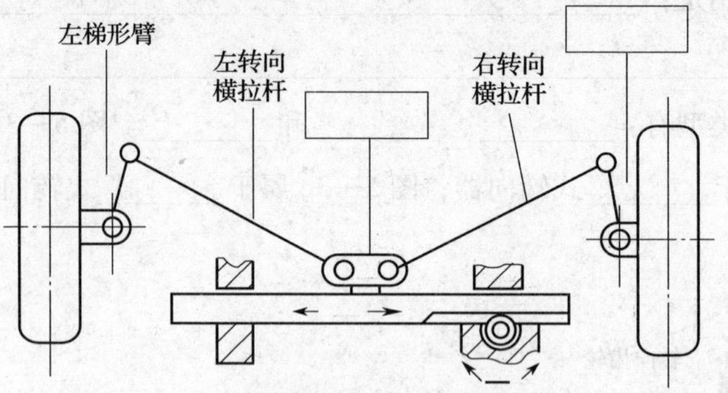

与非独立悬架配用的转向传动机构

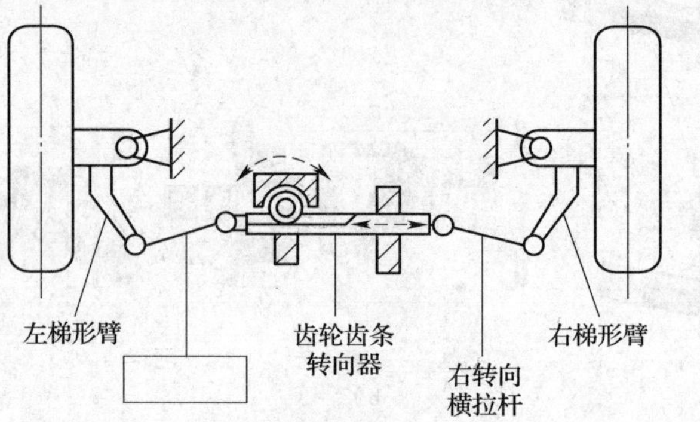

与独立悬架配用的转向传动机构

图 5—5　转向传动机构

引导问题 7　动力转向系统的组成及分类有哪些？

(1) 动力转向系统主要由________、________和________三部分组成。

(2) 动力转向系统的种类

1) 按传能介质不同分为________式和________式。

2) 按液压系统压力状态分为________式和________式。

三、计划与实施

引导问题 8　通过查询和查找，填写以下信息。

使用车型	
转向系统类型	
使用工具、设备	

引导问题9　如何对方向盘自由行程、转向力进行检查，完成后请在相应的“□”内打“√”。

□ 步骤1：停止车辆并使轮胎朝向正前方。

□ 步骤2：用手轻微向左和向右转动方向盘并检查方向盘自由行程，如图5—6所示。

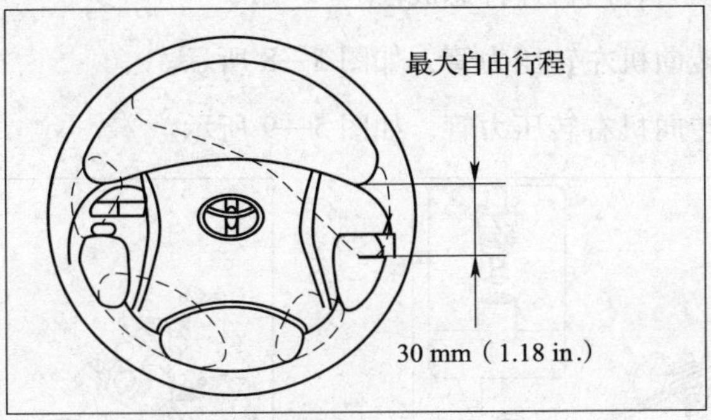

图5—6

最大自由行程实际测量值：________mm。（最大自由行程参考值：30 mm）

正常 □ 不正常 □

□ 步骤3：检查转向力，如图5—7所示。

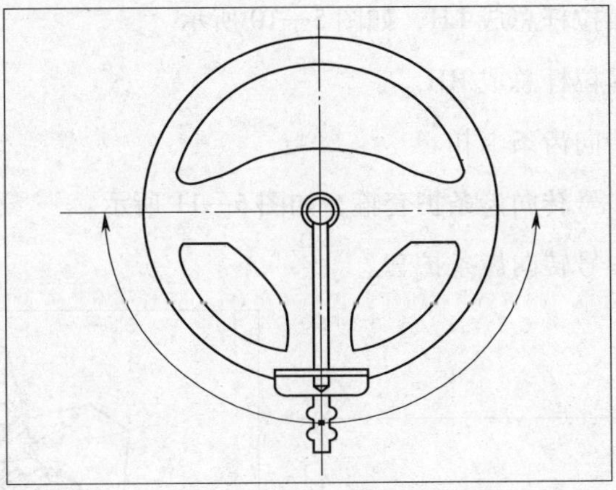

图5—7

（1）使方向盘对中。

（2）拆下方向盘衬垫。

（3）起动发动机并使其怠速运转。

（4）在顺时针和逆时针方向测量转向力。

方向盘实际转向力：________N·m。（转向力参考值：5.5 N·m）

正常 □ 不正常 □

（5）拧紧方向盘的定位螺母。拧紧扭矩：50 N·m。

（6）安装方向盘衬垫。

引导问题 10　如何拆解齿轮齿条式方向机，完成后请在相应的“□”内打“√”。

□ 步骤 1：固定动力转向机连杆总成。

□ 步骤 2：拆卸转向机左转压力管，如图 5—8 所示。

□ 步骤 3：拆卸转向机右转压力管，如图 5—9 所示。

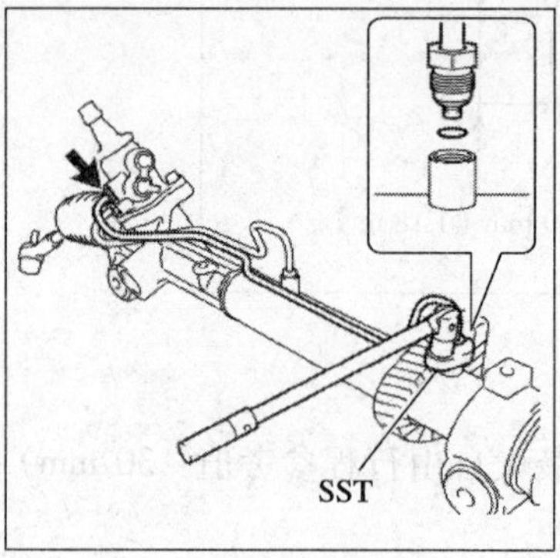

图 5—8

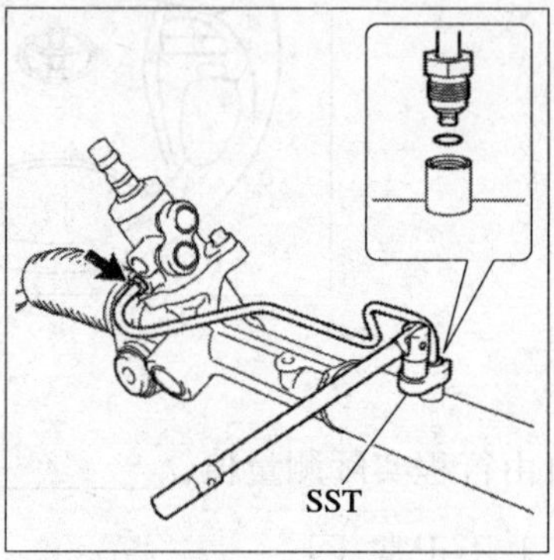

图 5—9

□ 步骤 4：拆卸横拉杆总成 LH，如图 5—10 所示。

□ 步骤 5：拆卸横拉杆总成 RH。

□ 步骤 6：拆卸转向齿条卡扣。

□ 步骤 7：拆卸 2 号转向齿条护套箍，如图 5—11 所示。

□ 步骤 8：拆卸 2 号转向齿条护套。

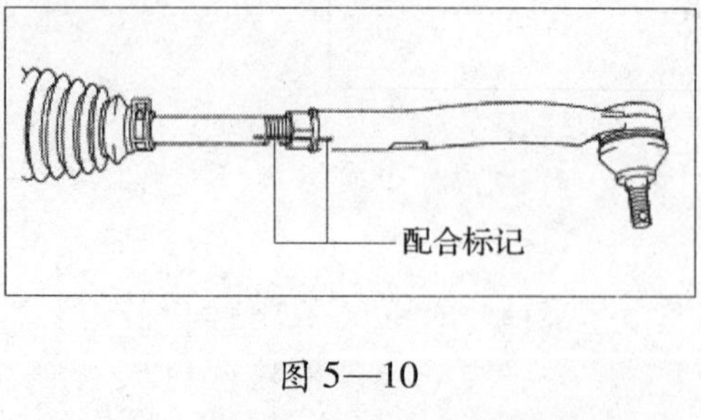

图 5—10

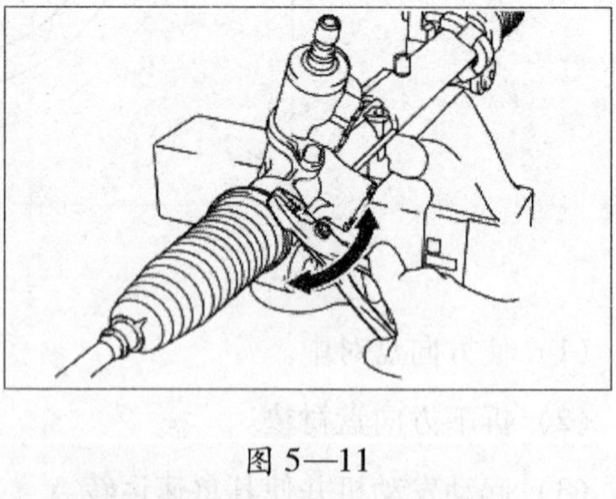

图 5—11

□ 步骤 9：拆下转向齿条尾端分总成，如图 5—12 所示。

□ 步骤 10：拆卸齿条导向，如图 5—13 所示。

□ 步骤 11：拆卸防尘罩。

□ 步骤 12：拆卸动力转向控制阀总成。

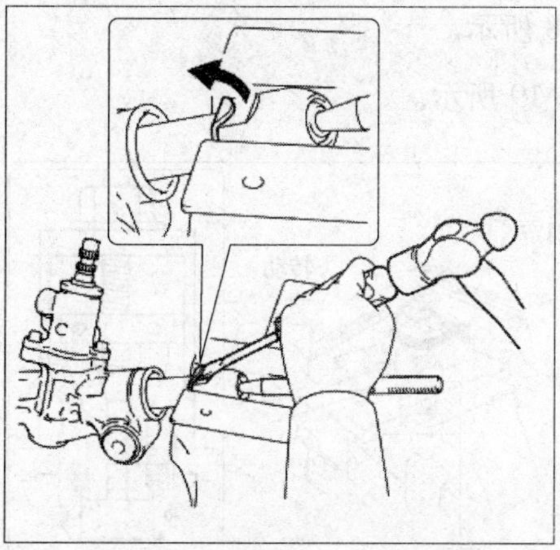

图 5—12

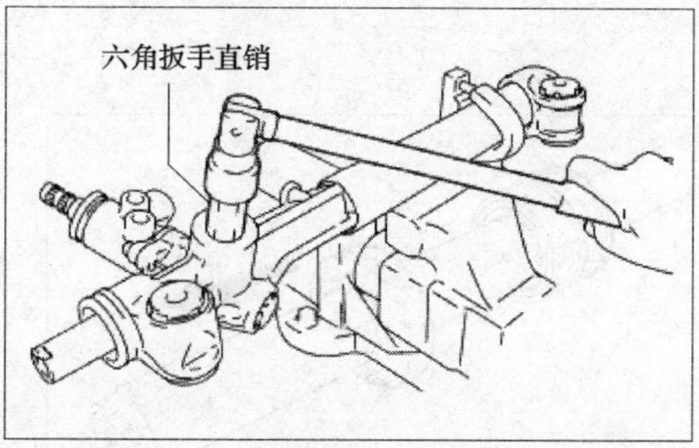

图 5—13

□ 步骤 13：拆卸动力转向控制阀分总成，如图 5—14 所示。

□ 步骤 14：拆卸动力转向控制阀下油封，如图 5—15 所示。

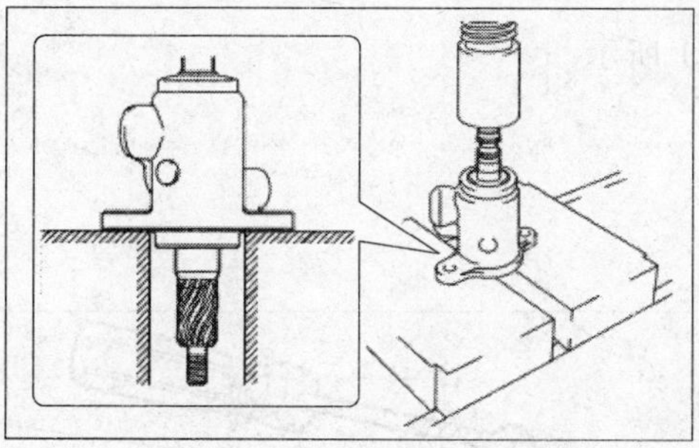

图 5—14

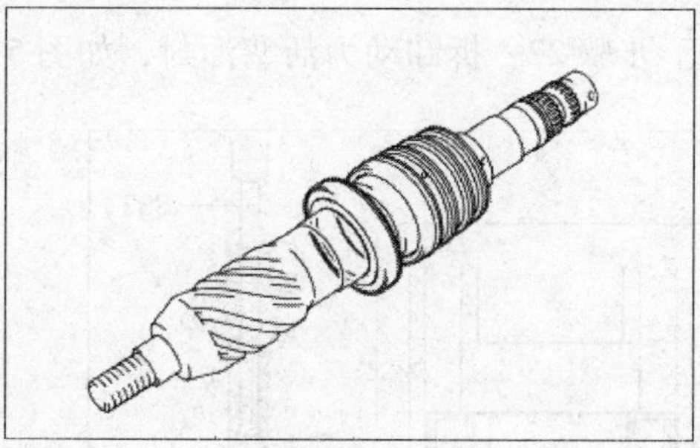

图 5—15

□ 步骤 15：拆卸动力转向控制阀隔片，如图 5—16 所示。

□ 步骤 16：拆卸动力转向控制阀上油封，如图 5—17 所示。

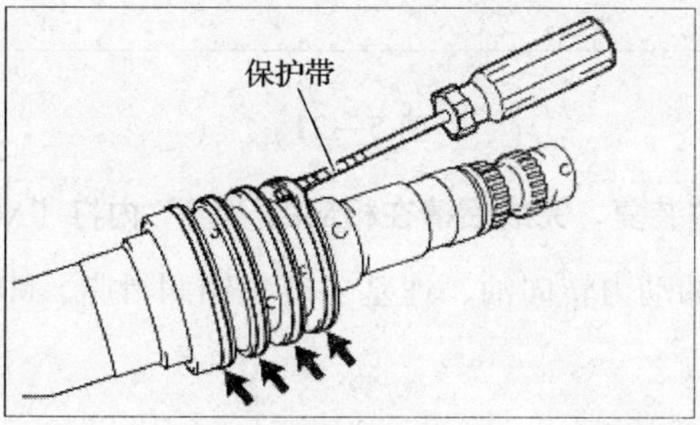

图 5—16

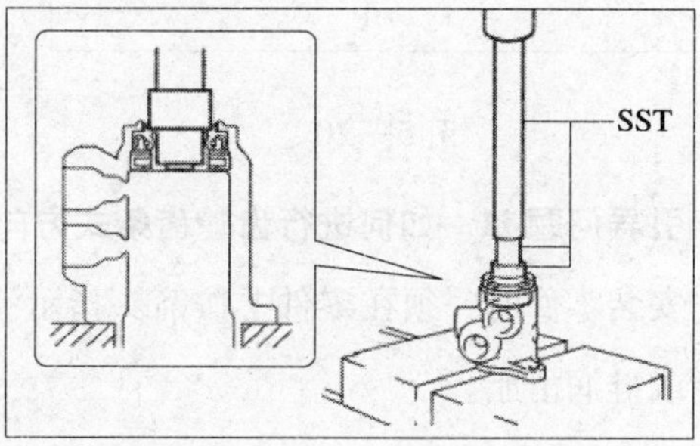

图 5—17

□ 步骤 17：拆卸气缸端限位挡圈孔卡环。

□ 步骤 18：拆卸动力转向齿条分总成。

□ 步骤 19：拆卸气缸端限位挡圈，如图 5—18 所示。

□ 步骤 20：拆卸动力转向齿条衬套，如图 5—19 所示。

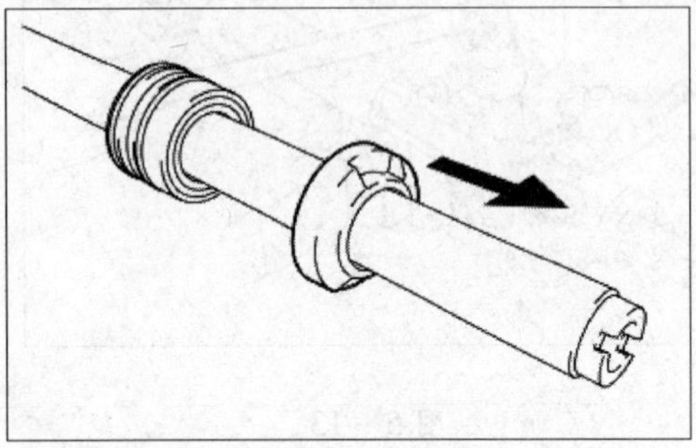

图 5—18

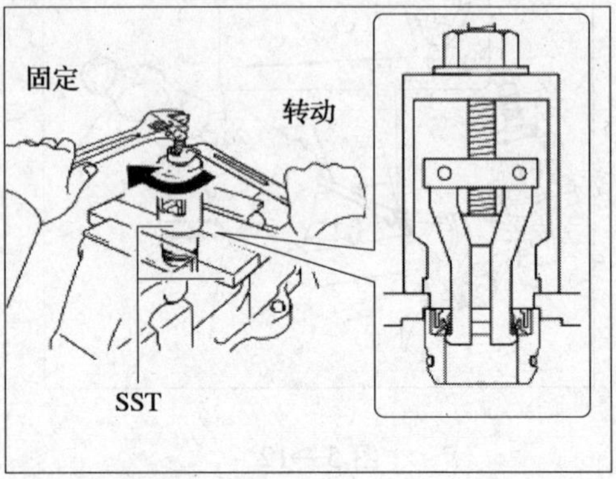

图 5—19

□ 步骤 21：去除动力转向油压缸管道油封，如图 5—20 所示。

□ 步骤 22：拆卸动力活塞油封，如图 5—21 所示。

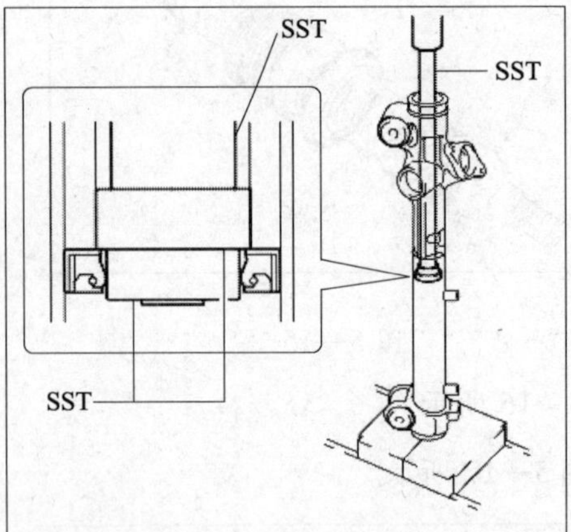

图 5—20

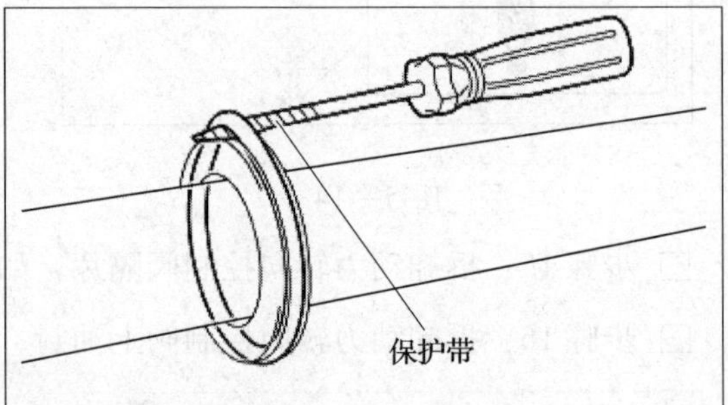

图 5—21

引导问题 11　如何进行齿轮齿条式方向机的装复，完成后请在相应的“□”内打“√”。

安装零件时，须在零件上按箭头指示涂抹的动力转向油、锂基二硫化钼润滑脂、MP 润滑脂或硅润滑脂。

□ 步骤 1：安装动力活塞油封。

□ 步骤 2：安装动力转向油压缸管道油封。

□ 步骤3：安装动力转向齿条分总成。

□ 步骤4：安装动力转向齿条衬套。

□ 步骤5：安装气缸端限位挡圈。

□ 步骤6：安装气缸端限位挡圈孔卡环。

□ 步骤7：气密性测试。

□ 步骤8：安装动力转向控制阀上油封。

□ 步骤9：安装动力转向控制阀上轴承。

□ 步骤10：安装动力转向控制阀隔片。

□ 步骤11：安装动力转向控制阀分总成。

□ 步骤12：安装动力转向控制阀下油封。

□ 步骤13：安装齿条导向。

□ 步骤14：检查总预紧力。

□ 步骤15：安装防尘罩。

□ 步骤16：安装转向齿条尾端分总成。

□ 步骤17：安装2号转向齿条护套。

□ 步骤18：安装2号转向齿条护套箍。

□ 步骤19：安装转向齿条卡扣。

□ 步骤20：安装横拉杆总成LH。

□ 步骤21：安装横拉杆总成RH。

□ 步骤22：安装转向机右转压力管。

□ 步骤23：安装转向机左转压力管。

四、评价与反馈

1. 对本学习任务进行评价

学习评价表

考核项目	考核内容	比例	学生自评	小组互评	教师评价	小计
团队合作	是否协调	5%				
活动参与	是否积极主动	5%				
安全生产	有无安全隐患	10%				
现场5S	是否做到	10%				

续表

考核项目	考核内容	比例	学生自评	小组互评	教师评价	小计
知识掌握情况	转向系统的组成、作用和工作原理	45%				
	转向系的主要零部件和不同结构的转向器					
	转向系统的类型					
	转向系统的主要零部件进行检查、修复或更换					
任务完成情况	是否圆满完成	5%				
工具和设备使用	是否规范、标准	10%				
劳动纪律	是否能严格遵守	5%				
工单填写	是否完整、规范	5%				
	总评	100%				
教师签字：			年 月 日		总评	

2. 总结提高

（1）在实施作业时每一个安全事项都注意到了吗？如果没有，找出忽略的地方和原因。

（2）能否向车主解释故障诊断及排除的过程？如果不能，分析原因并提出改进措施。

五、 学习拓展

日常的助力转向有机械液压助力、电子液压助力和电动助力三种，请分析电动助力转向系统的原理及其优点。

任务六　制动失效故障的检修

学习目标

1. 能够遵守安全操作规范，按章操作，并注重环保意识的养成；

2. 能够描述制动系统的组成、作用和工作原理；

3. 能够识别制动系统的主要零部件和不同结构的制动器；

4. 能够通过观察实物或图片判断制动系统的类型；

5. 能够对制动系统的主要零部件进行检查、修复或更换；

6. 能够运用维修手册和网络查阅相关技术资料；

7. 学会收集信息、制定计划、组织实施、成果展示、小组评价等教学活动；

8. 能够正确使用工量具和检测维修设备；

9. 能够正确填写学习工作页或工作记录单，对测量检修项目作记录并存档。

学习准备

检查所在工位具有的工量具及耗材，完成后在“□”内打“√”，如有补充，请直接填写。

制动系统，类型：________________ □

铜棒，拉具，撬棒 □

专用工具一套 □

货架式工具车及常规工具 □

游标卡尺、百分表及表座 □

汽车举升机、零件小车 □

砂布、钢丝刷、棉纱等 □

其他，请补充：________________ □

建议学时

24 课时

学习过程

一、 情境导入

一位车主开着自己的车来到某品牌4S店，反映他开着车去乡下办事，在经过一段较长的坡路时，感觉车速过快时就踩刹车，没想到踩下刹车后，车速一点也没有下降。幸好当时路面上只有他一辆车，在拉起手刹之后，车子才停了下来。服务顾问接车后初步判断了故障，承诺交车时间。你作为维修技术员按要求在规定时间内检修制动失效的故障。

二、 信息收集

引导问题 1　制动系统的功能与类型有哪些？

（1）制动系统的作用

1）使行驶中的汽车按照驾驶员的要求进行强制________；

2）使已停驶的汽车在各种道路条件下（包括在坡道上）________；

3）使下坡行驶的汽车速度________。

（2）制动系统的类型

1）按制动系统的功用可分为：____。

2）按制动力的传输方式可分为：____。

3）按制动管路的布置方式可分为：____。

引导问题 2　读汽车制动系统结构图，并在空白处补充零件名称。

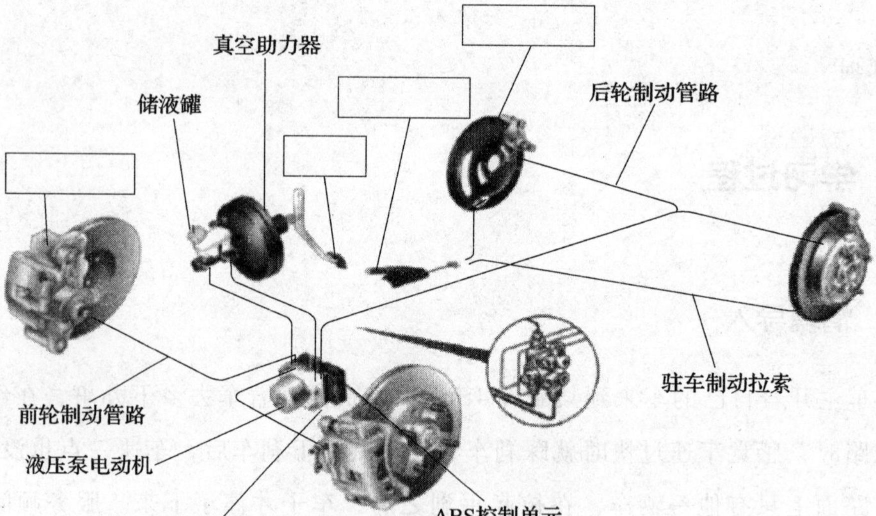

图 6—1　汽车制动系统结构

引导问题 3　鼓式制动器的结构组成与工作原理如何？标出图中各部分的名称并说出制动力是如何产生的。

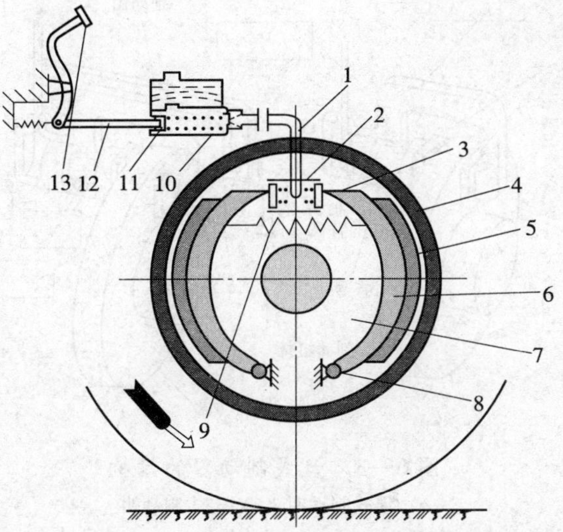

图 6—2　鼓式制动器结构示意图

1—＿＿＿＿＿＿＿＿　2—＿＿＿＿＿＿＿＿

3—＿＿＿＿＿＿＿＿　4—＿＿＿＿＿＿＿＿

5—＿＿＿＿＿＿＿＿　6—＿＿＿＿＿＿＿＿

7—＿＿＿＿＿＿＿＿　8—＿＿＿＿＿＿＿＿

9—＿＿＿＿＿＿＿＿　10—＿＿＿＿＿＿＿＿

11—＿＿＿＿＿＿＿＿　12—＿＿＿＿＿＿＿＿

13—＿＿＿＿＿＿＿＿

鼓式制动器工作原理：＿＿＿＿＿＿＿＿＿＿＿＿＿＿＿＿＿＿＿＿＿＿＿＿＿＿＿＿＿＿

引导问题4　盘式制动器的结构组成与工作原理如何？补充图中空白部分的零件名称，并说出两种盘式制动的结构特点及工作原理。

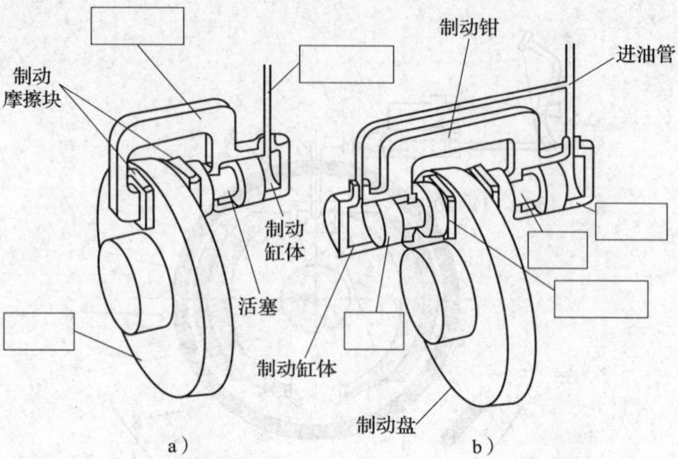

图6—3　盘式制动器的结构

a）浮式制动钳　b）定式制动钳

类型	结构特点及工作过程
定钳盘式	1. 制动钳（固定/浮动）安装在车桥上 2. 2个制动块由位于制动盘两侧的2个活塞推动 3. 制动时制动液进入制动钳体中2个相通的轮缸中，将（左/右）侧的制动块压向制动盘，从而产生制动
浮钳盘式	1. 制动钳体通过（导向销/螺栓）与车桥相连，可以相对于制动盘轴向移动 2. 内侧的制动块由活塞推动，外侧的制动块由浮动的制动钳体推动 3. 制动时制动液进入轮缸，将内侧制动块压向制动盘，并使制动钳体沿导向销向（外/内）侧移动，直到外侧的制动块也压向制动盘上

引导问题5　读图6—4，叙述盘式制动器与鼓式制动器的区别。

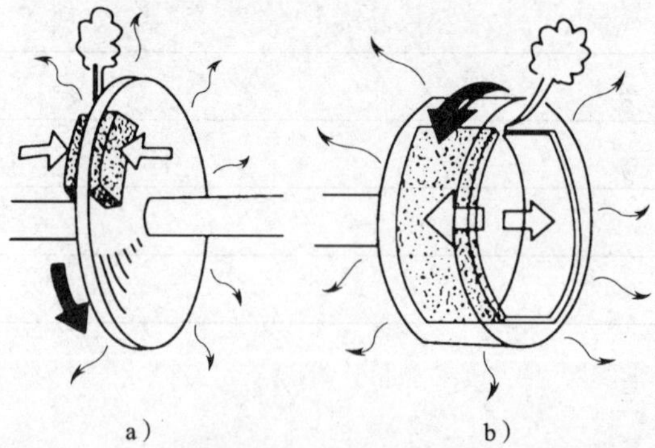

图6—4　制动器

a）盘式制动器　b）鼓式制动器

盘式制动器与鼓式制动器的区别：________________________________

____

____

三、 计划与实施

引导问题 6　通过查询和查找，填写以下信息。

使用车型	
制动系统类型	
使用工具、设备	

引导问题 7　请在图中对应的空格上填写维护内容。

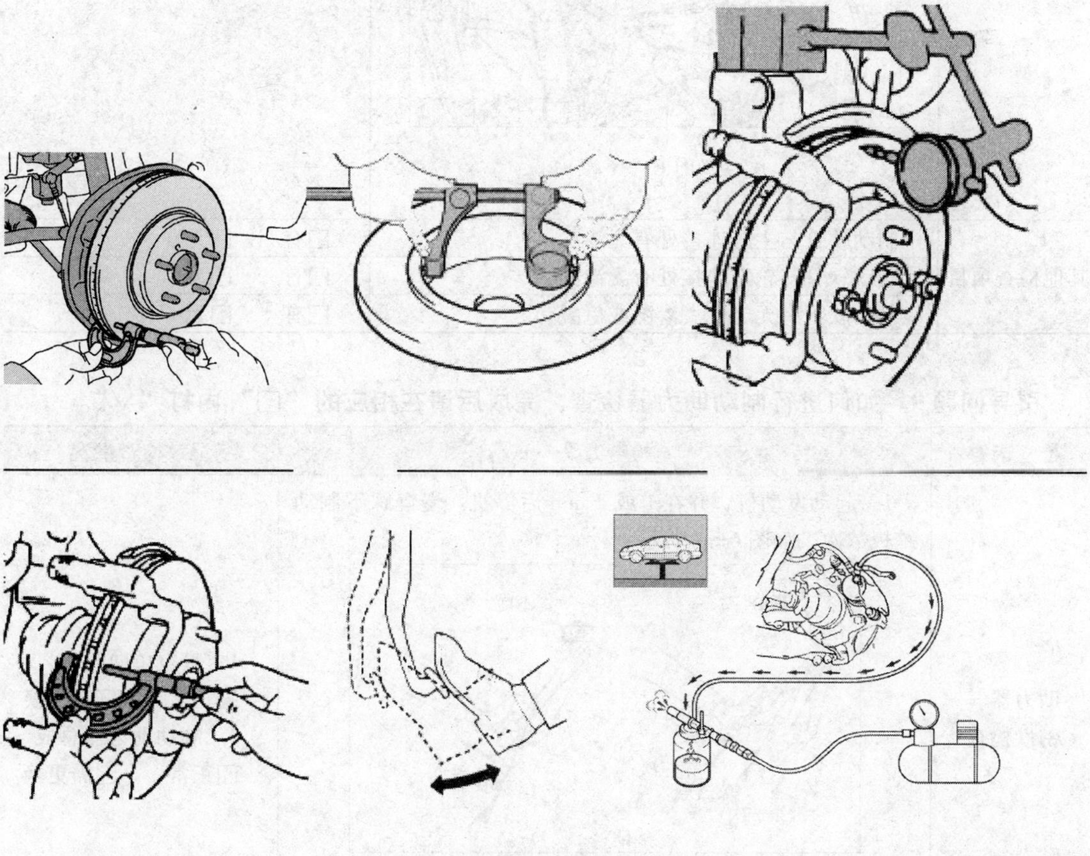

图 6—5

引导问题 8　就车对车辆进行制动液检查，完成后请在相应的“□”内打“√”。

检查内容	检查方法	记录检查情况
品质	1. 目视检查：制动液的外观应清澈透明或呈琥珀色，无杂质、无沉淀和悬浮物。如果制动液变黑、混浊或有沉淀物时，在征得顾客同意后应及时更换。 2. 用仪器检查：使用检测仪器，可直接测出制动液是否变质。	□正常，不需要更换 □变质，需要更换
制动液量	如图 6—6 所示，若制动液液位低，则检查是否泄漏并检查盘式制动摩擦片。必要时，在修理和更换后，向储液罐重新加注制动液。 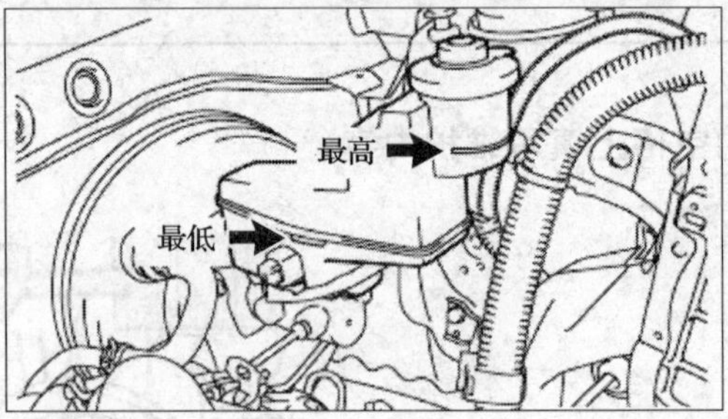 图 6—6	□正常，不添加 □液位低
其他检查项目	制动软管与主缸连接处有无渗漏	□有　□无
	制动软管与轮缸连接处有无渗漏	□有　□无
	制动软管有无老化、渗漏或龟裂	□有　□无

引导问题 9　如何进行制动助力器检查，完成后请在相应的“□”内打“√”。

检查内容	检查方法	记录检查情况
助力器气密性检查	1. 起动发动机，并在 1 或 2 min 后停机。慢慢踩下制动踏板数次，如图 6—7 所示 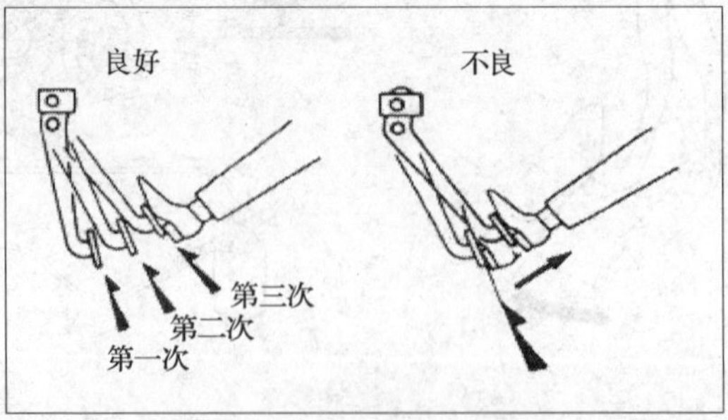 图 6—7 2. 在发动机运转时踩下制动踏板，并踩住踏板停止发动机	1. 真空单向阀 □正常　□需更换 2. 制动助力器总成 □正常　□需更换

续表

检查内容	检查方法	记录检查情况
助力器工作情况检查	1. 在发动机停机时踩下制动踏板数次，然后检查并确认踏板行程余量没有变化 2. 踩下制动踏板，并起动发动机，如图 6—8 所示 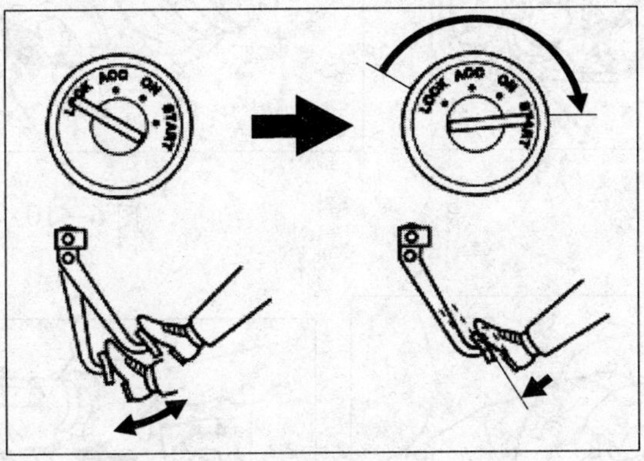 图 6—8	1. 真空单向阀 □正常　　□需更换 2. 制动助力器总成 □正常　　□需更换

引导问题 10　如何进行前制动器（盘式制动器）的拆卸、拆解、检查，完成后请在相应的“□”内打“√”。

□ 步骤 1：拆卸前制动器（盘式制动器）。

（1）拆卸前轮。

（2）排出制动液。

（3）断开前挠性软管，如图 6—9 所示。

（4）拆卸盘式制动器制动缸总成，如图 6—10 所示。

（5）拆卸前盘式制动衬块，如图 6—11 所示。

（6）拆卸前消音垫片。

（7）拆卸前盘式制动衬块支撑片，如图 6—12 所示。

（8）拆卸前盘式制动器制动缸滑销，如图 6—13 所示。

（9）拆卸前盘式制动器制动缸滑动衬套，如图 6—14 所示。

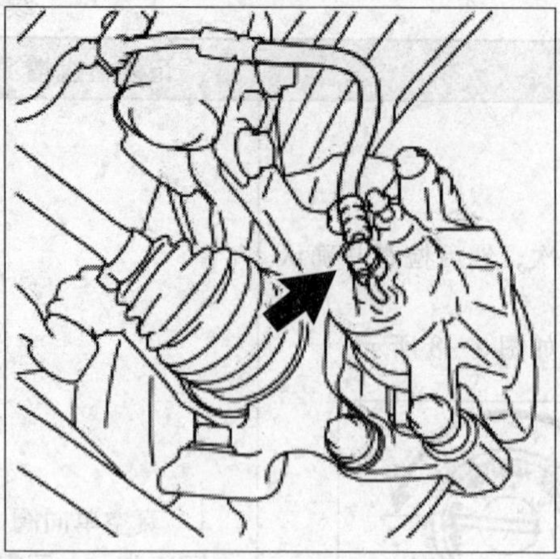
图 6—9

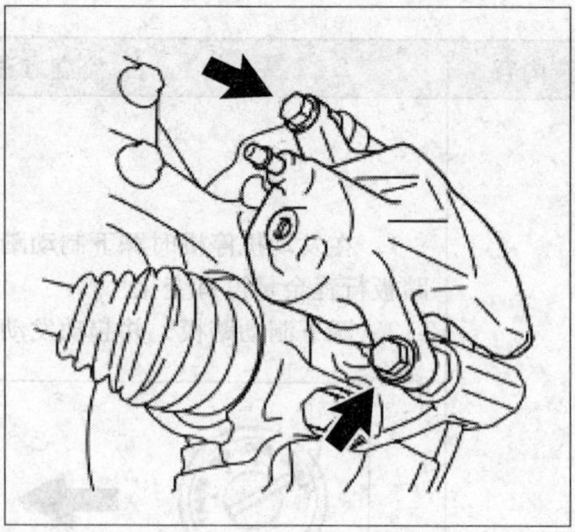
图 6—10

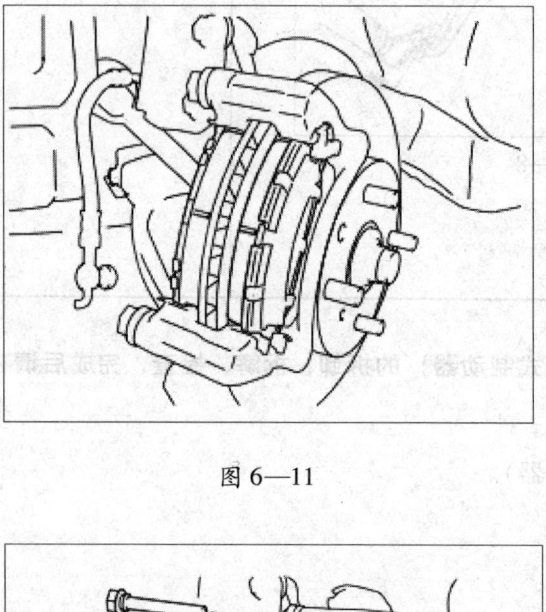
图 6—11

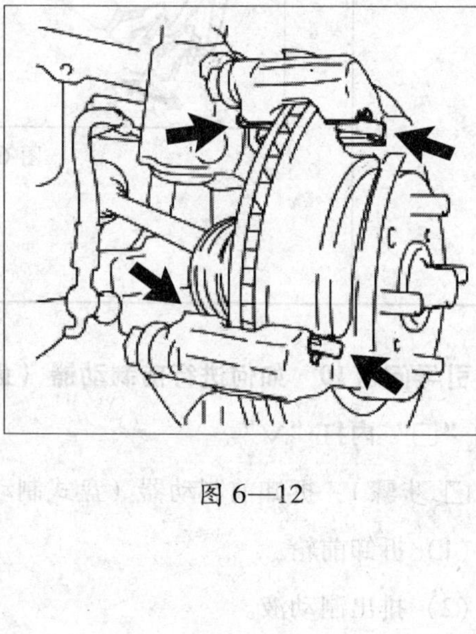
图 6—12

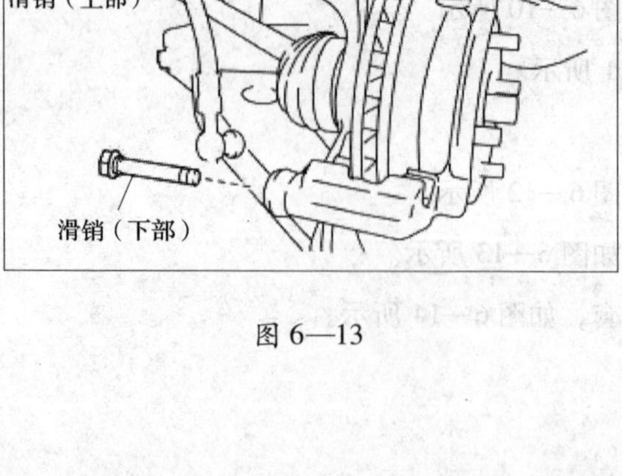

图 6—13

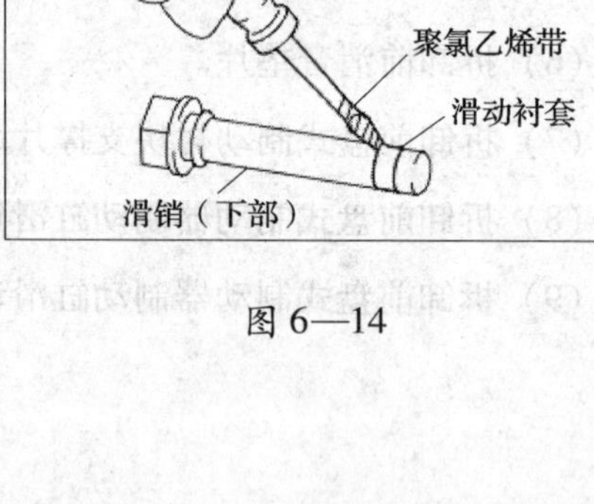

图 6—14

（10）拆卸前盘式制动器衬套防尘套，如图 6—15 所示。

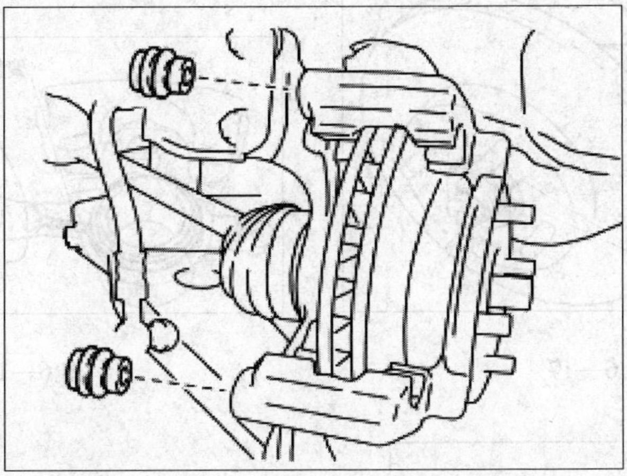

图 6—15

（11）拆卸前盘式制动器制动缸支架，如图 6—16 所示。

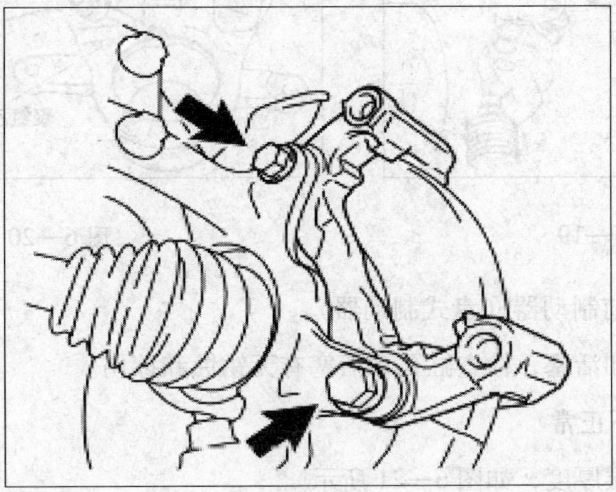

图 6—16

（12）在制动盘和车桥轮毂上做配合标记，拆下前制动盘，如图 6—17 所示。

□ 步骤 2：拆解前制动器（盘式制动器）。

（1）拆卸制动缸护尘套，如图 6—18 所示。

（2）拆卸前盘式制动器活塞，如图 6—19 所示。

（3）拆卸活塞密封件，如图 6—20 所示。

（4）拆卸前盘式制动器放气塞帽。

（5）拆卸前盘式制动器放气塞。

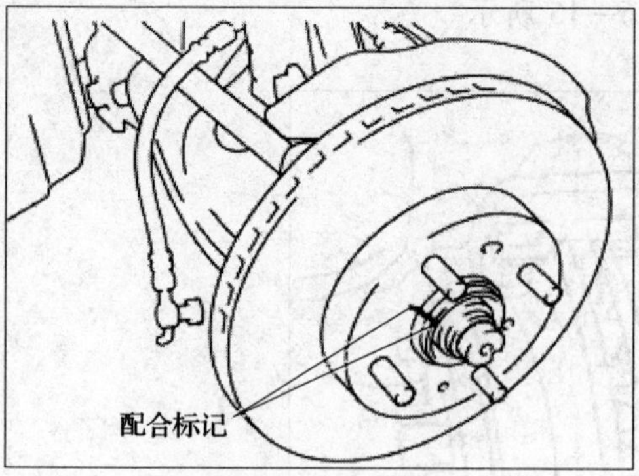

图 6—17

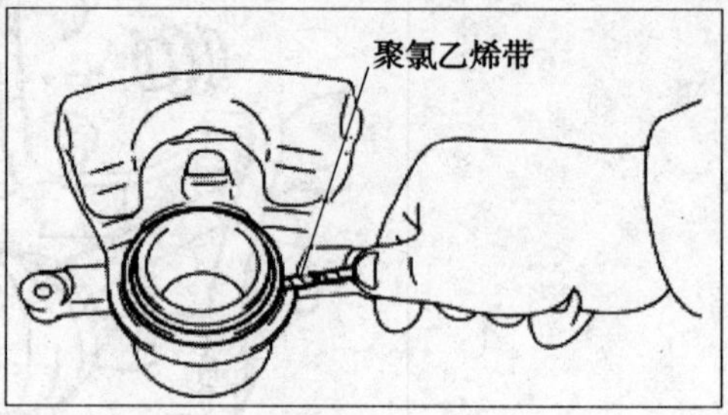

图 6—18

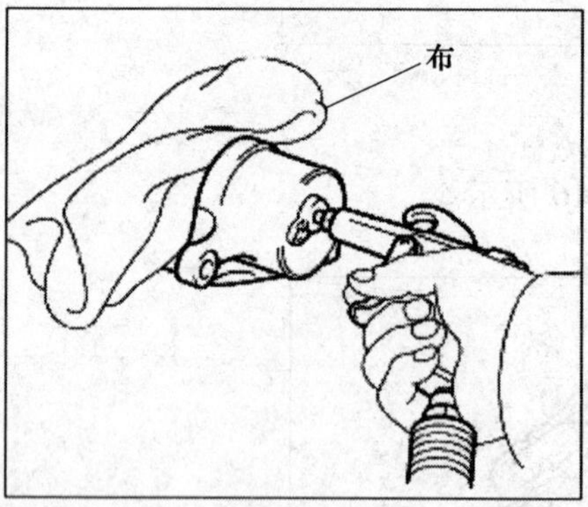

图 6—19

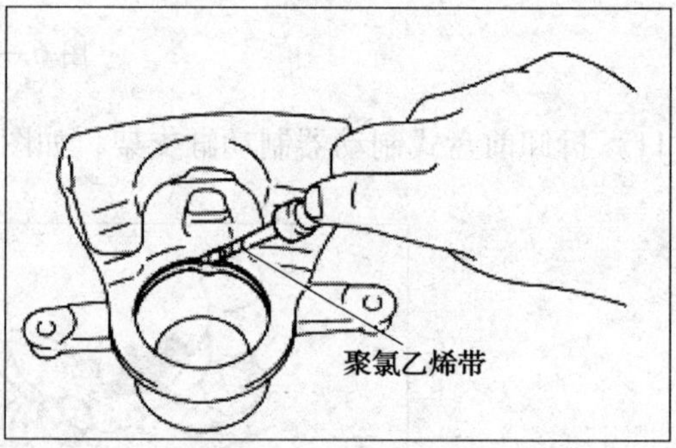

图 6—20

□ 步骤 3：检查前制动器（盘式制动器）。

（1）检查制动缸和活塞，检查缸孔和活塞有无锈蚀和擦伤。

□ 正常　□ 不正常

（2）检查衬块衬层厚度，如图 6—21 所示。

衬块衬层实际测量厚度：________ mm。（标准厚度：12.0 mm，最小厚度：1.0 mm）

□ 正常　□ 不正常

（3）检查前盘式制动衬块支撑片，是否具有充足的回弹力，没有变形、裂纹或磨损。

□ 正常　□ 不正常

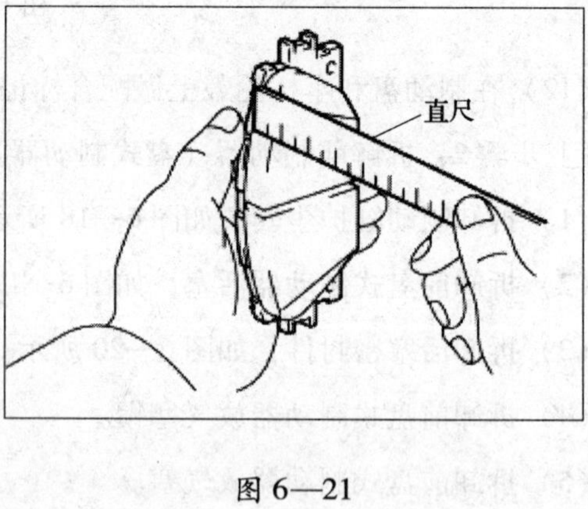

图 6—21

（4）检查制动盘厚度，如图 6—22 所示。

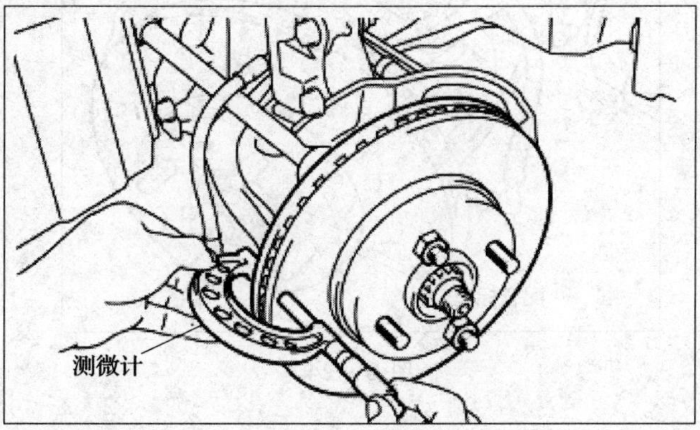

图 6—22

制动盘厚度实际测量厚度：________mm。（标准厚度：22.0 mm，最小厚度：19.0 mm）

☐ 正常　　☐ 不正常

（5）检查制动盘跳动，如图 6—23 所示。

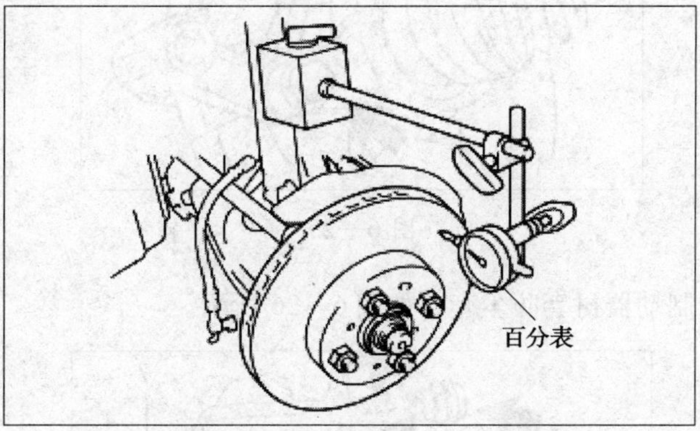

图 6—23

在距离前制动盘外侧边缘 10 mm 的地方测量制动盘的实际跳动：________mm。（最大制动盘跳动：0.05 mm）

☐ 正常　　☐ 不正常

☐ 步骤 4：装复前制动器（盘式制动器）。

（1）对准制动盘和车桥轮毂上的配合标记，并安装制动盘，如图 6—24 所示。

（2）安装前盘式制动器制动缸支架，用 2 个螺栓将盘式制动器制动缸支架安装到转向节上，如图 6—25 所示。

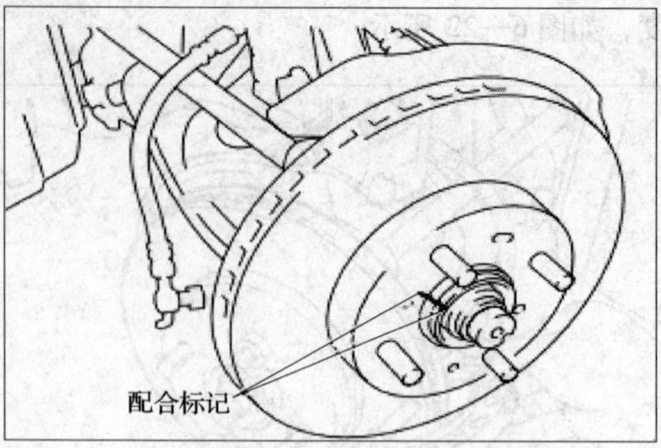

图 6—24

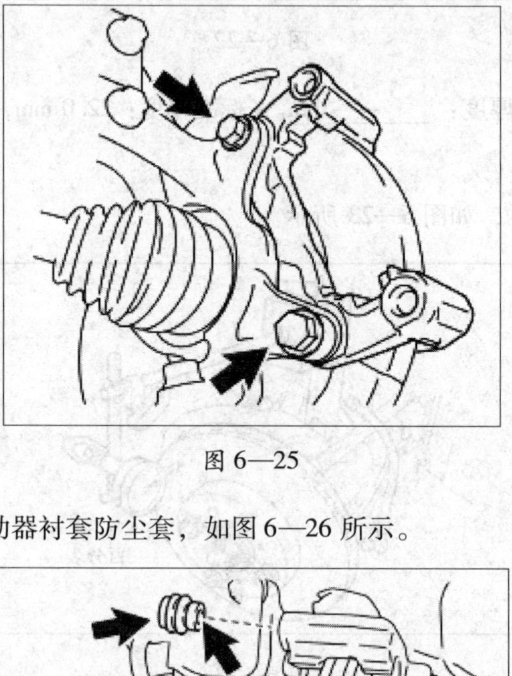

图 6—25

（3）安装前盘式制动器衬套防尘套，如图 6—26 所示。

图 6—26

（4）安装前盘式制动器制动缸滑动衬套，如图 6—27 所示。

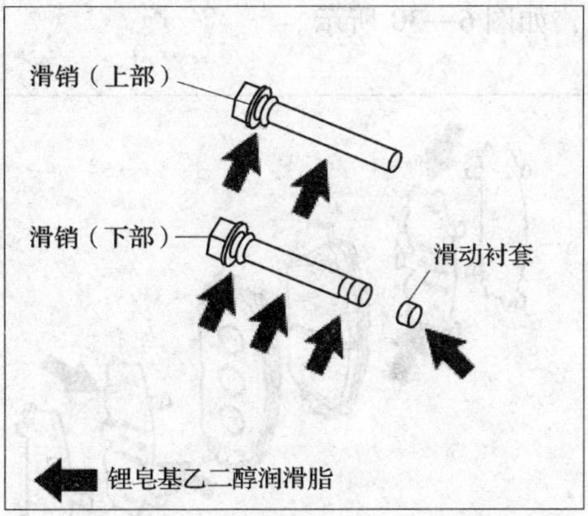

图 6—27

（5）安装前盘式制动器制动缸滑销，如图 6—28 所示。

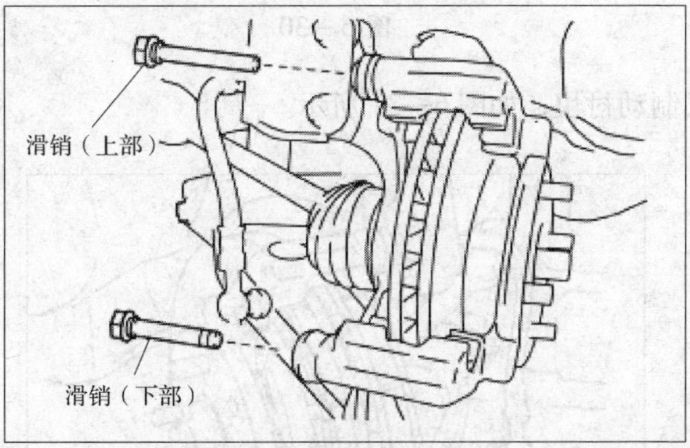

图 6—28

（6）安装前盘式制动衬块支撑片，如图 6—29 所示。

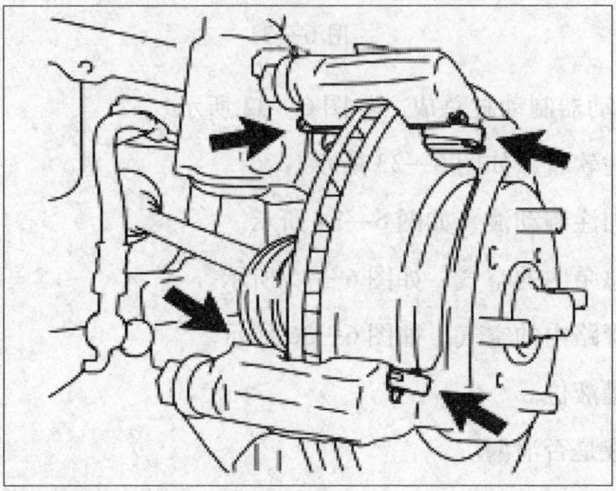

图 6—29

（7）安装前消音垫片，如图 6—30 所示。

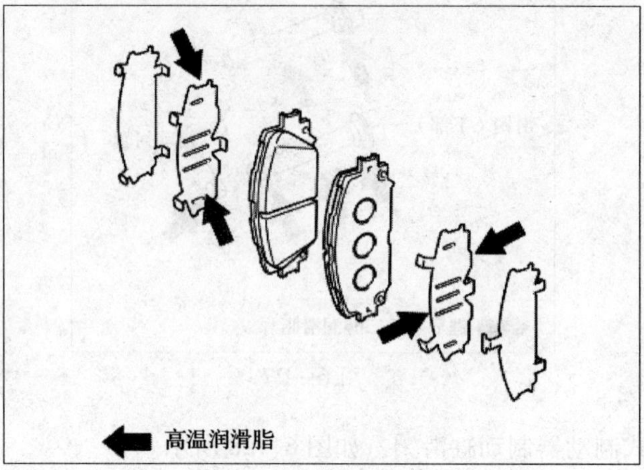

图 6—30

（8）安装前盘式制动衬块，如图 6—31 所示。

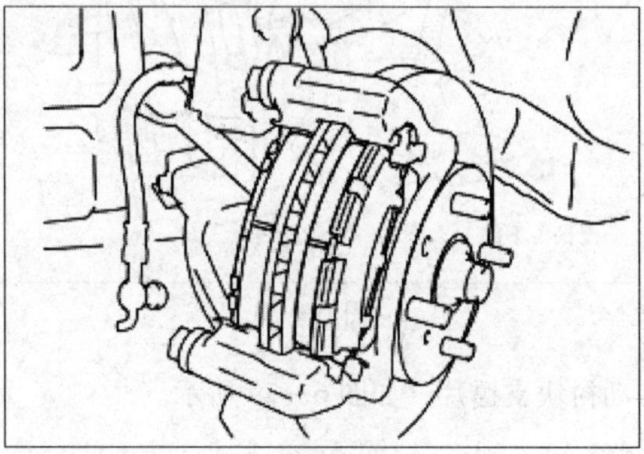

图 6—31

（9）安装盘式制动器制动缸总成，如图 6—32 所示。

（10）连接前挠性软管，如图 6—33 所示。

（11）向储液罐加注制动液，如图 6—34 所示。

（12）排出制动总泵内的空气，如图 6—35 所示。

（13）排出制动管路内的空气，如图 6—36 所示。

（14）检查储液罐液位。

（15）检查制动液是否泄漏。

（16）安装前轮。

图 6—32

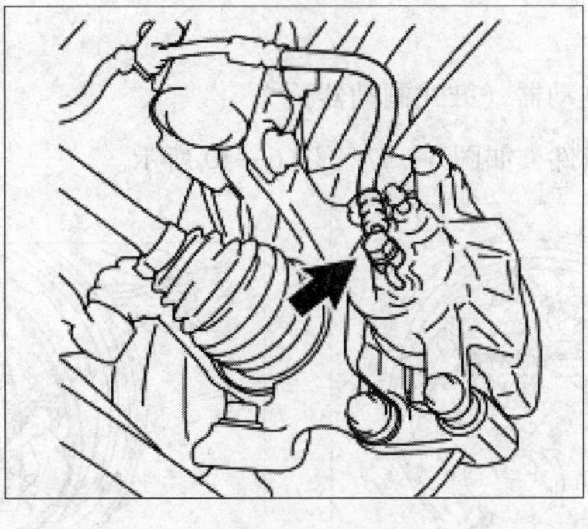

图 6—33

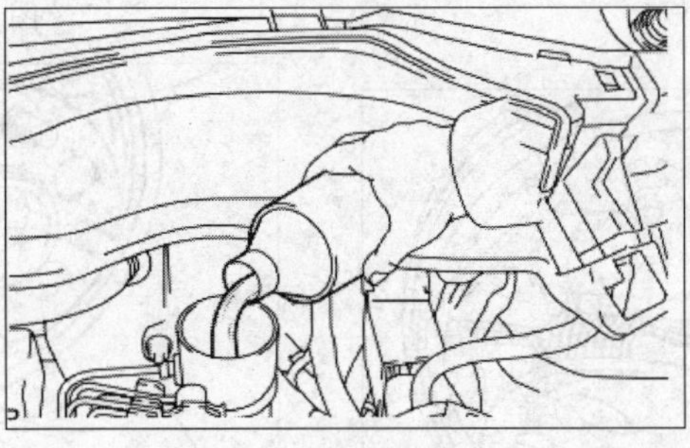

图 6—34

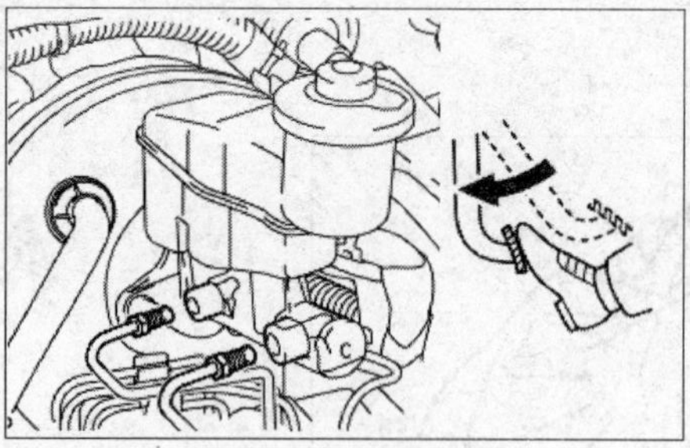

图 6—35

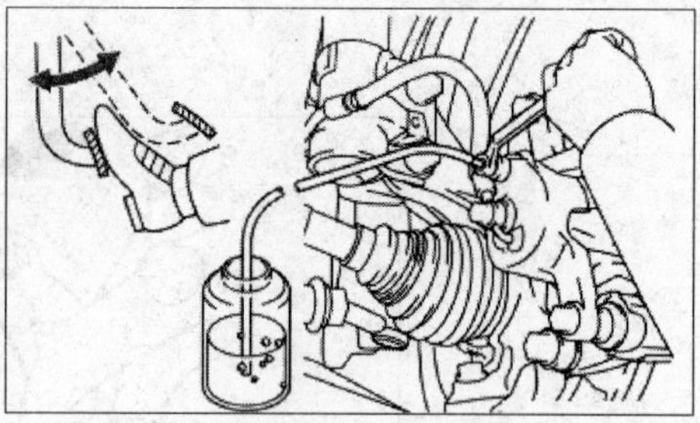

图 6—36

引导问题 11　完成后制动器（鼓式制动器）的拆卸、拆解、检查，完成后请在相应的“□”内打“√”。

□ 步骤 1：拆卸后制动器（鼓式制动器）。

（1）拆卸后轮。

（2）排出制动液。

（3）拆卸后制动鼓。

□ 步骤 2：拆解后制动器（鼓式制动器）

（1）拆卸后制动蹄组件，如图 6—37 至图 6—40 所示。

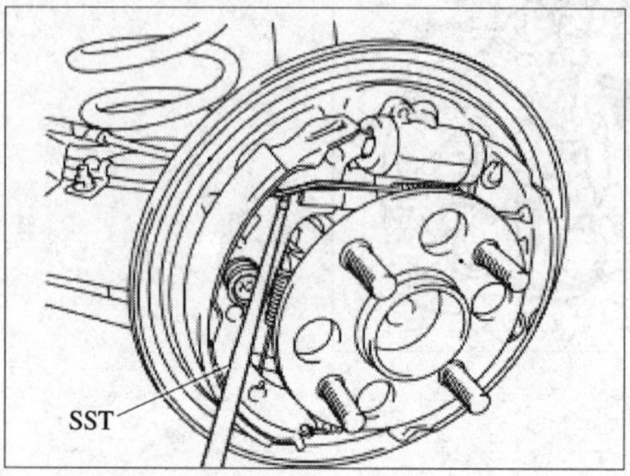

图 6—37

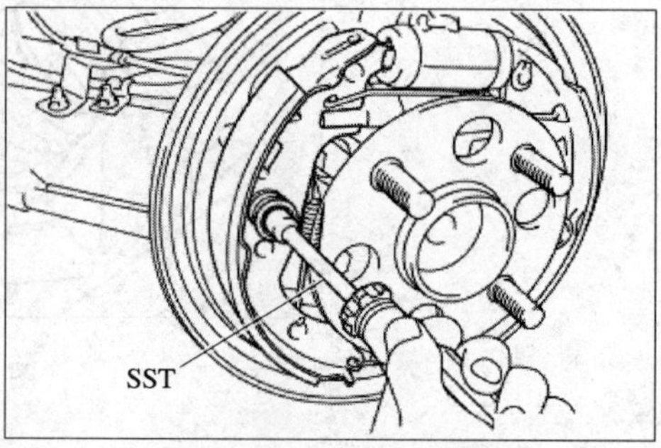

图 6—38

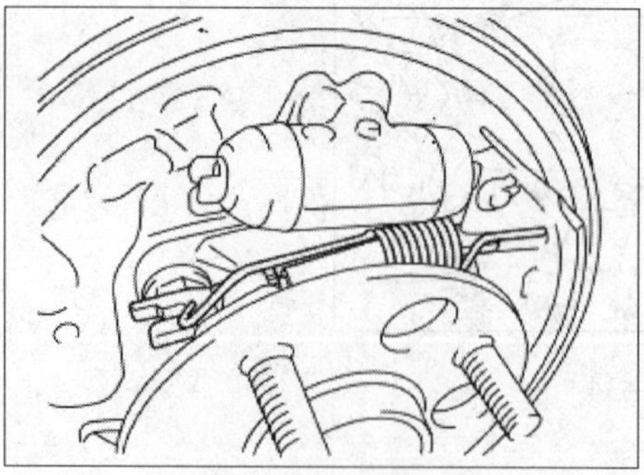

图 6—39

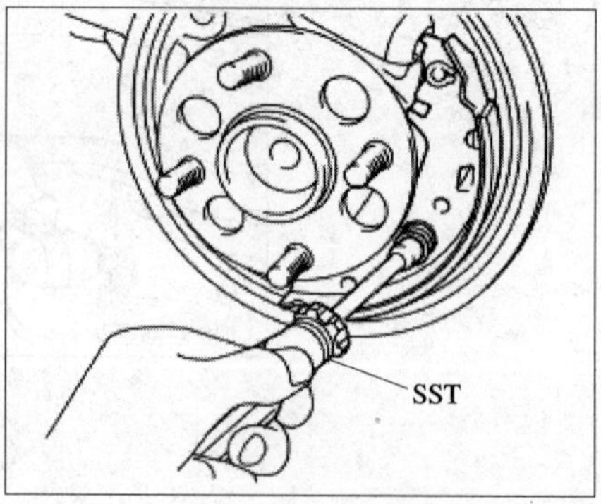

图 6—40

（2）拆卸后制动器自动调整杆，如图 6—41 所示。

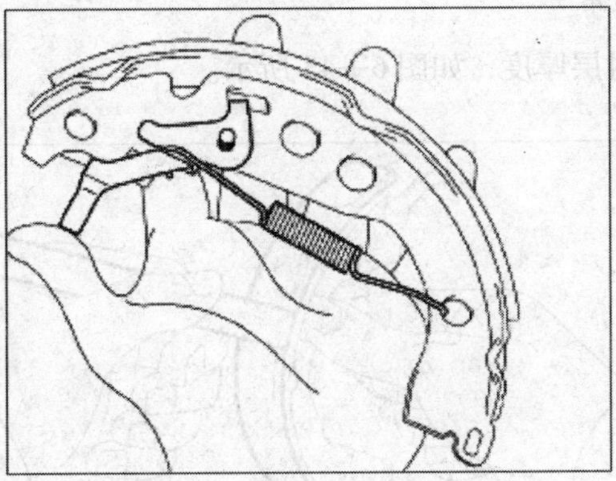

图 6—41

（3）拆卸后制动器驻车制动蹄拉杆分总成，如图 6—42 所示。

（4）拆卸后制动分泵总成，如图 6—43 所示。

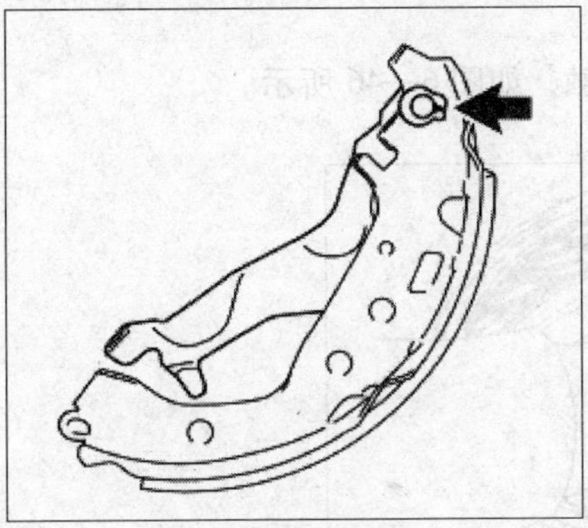

图 6—42

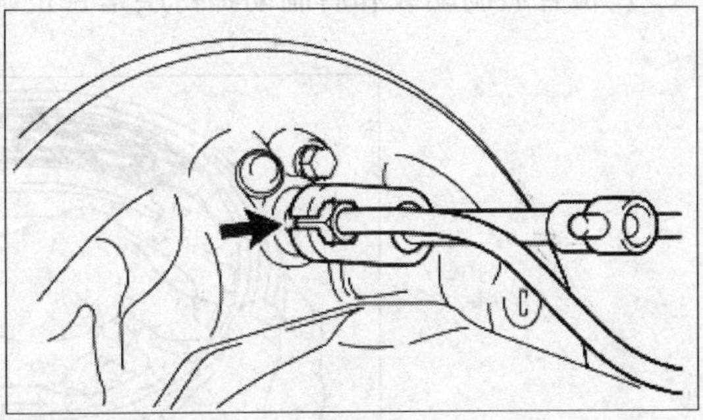

图 6—43

□ 步骤 3：检查后制动器（鼓式制动器）。

（1）检查后制动鼓内径，如图 6—44 所示。

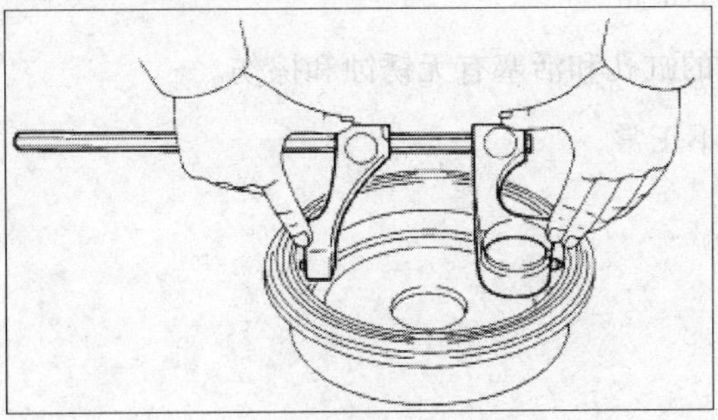

图 6—44

制动鼓内径实际测量值：________mm。（标准内径：200 mm，最大内径：201 mm）

☐ 正常　　☐ 不正常

（2）检查后制动蹄衬层厚度，如图 6—45 所示。

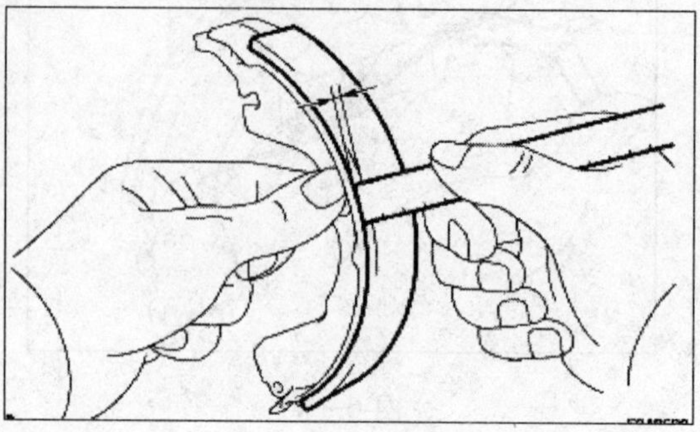

图 6—45

制动蹄衬层厚度实际测量值：________mm。（标准厚度：4.0 mm，最小厚度：1.0 mm）

☐ 正常　　☐ 不正常

（3）检查后制动鼓和后制动蹄衬层是否正确接触，如图 6—46 所示。

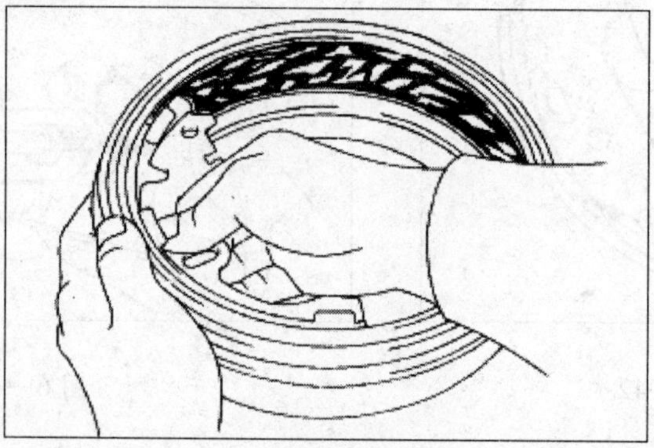

图 6—46

☐ 正常　　☐ 不正常

（4）检查制动分泵的缸孔和活塞有无锈蚀和擦伤。

☐ 正常　　☐ 不正常

四、 评价与反馈

1. 对本学习任务进行评价

学习评价表

考核项目	考核内容	比例	学生自评	小组互评	教师评价	小计
团队合作	是否协调	5%				
活动参与	是否积极主动	5%				
安全生产	有无安全隐患	10%				
现场“5S”	是否做到	10%				
知识掌握情况	制动系统的组成、作用和工作原理	45%				
	制动系统的类型					
	制动系的主要零部件和不同结构的制动器					
	制动系统的主要零部件进行检查、修复或更换					
任务完成情况	是否圆满完成	5%				
工具和设备使用	是否规范、标准	10%				
劳动纪律	是否能严格遵守	5%				
工单填写	是否完整、规范	5%				
总评		100%				
教师签字：			年　月　日		总评	

2. 总结提高

（1）在实施作业时每一个安全事项都注意到了吗？如果没有，找出忽略的地方和原因。

____

____

____

____

（2）能否向车主解释故障诊断及排除的过程？如果不能，分析原因并提出改进措施。

五、学习拓展

除了制动失效，制动系统还会出现哪些制动故障？请你试分析其中某一故障原因及检修方法。

任务七　汽车行驶跑偏故障的检修

学习目标

1. 能够遵守安全操作规范，按章操作，并注重环保意识的养成；

2. 能够描述行驶系统的组成、作用和工作原理；

3. 能够识别行驶系的主要零部件和不同结构的悬架；

4. 能够通过观察实物或图片判断轮胎的类型；

5. 能够对行驶系统的主要零部件进行检查、修复或更换；

6. 能够运用维修手册和网络查阅相关技术资料；

7. 学会收集信息、制定计划、组织实施、成果展示、小组评价等教学活动；

8. 能够正确使用工量具和检测维修设备；

9. 能够正确填写学习工作页或工作记录单，对测量检修项目作记录并存档。

学习准备

检查所在工位具有的工量具及耗材，完成后在“□”内打“√”，如有补充，请直接填写。

悬挂系统，类型：__________ □

铜棒，拉具，撬棒 □

专用工具一套 □

货架式工具车及常规工具 □

游标卡尺、百分表及表座 □

汽车举升机、零件小车 □

砂布、钢丝刷、棉纱等 □

其他，请补充：__________ □

建议学时

24 课时

学习过程

一、 情境导入

一位车主开着自己的车来到某品牌 4S 店，反映该车在行驶过程中，一直都需要用手握紧方向盘，一旦松手，车子立即出现向左偏离的情况。服务顾问接车后初步判断了故障，承诺交车时间。你作为维修技术员按要求在规定时间内检修行驶跑偏的故障。

二、 信息收集

引导问题 1　行驶系统的功能与组成有哪些？

（1）汽车行驶系的功用

1）接受发动机传动系传来的________，并转化为____。

2）传递并承受路面作用于________上的各向反力及其形成的力矩。

3）________各种冲击和振动，保证汽车平顺行驶，并且与汽车转向很好地配合工作，实现汽车行驶方向的正确控制，以保证汽车操纵稳定性。

（2）读轮式汽车行驶系的组成图，并填空。

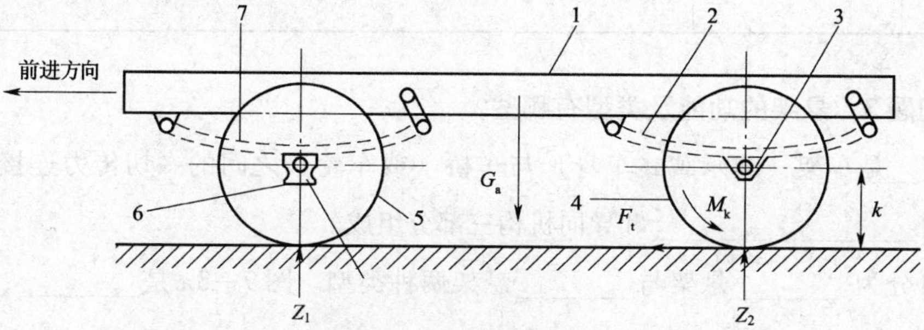

图 7—1　汽车行驶系

轮式汽车行驶系一般由________、________、________和________组成。图中 1—________，2—________，3—________，4—________，5—________，6—________，7—________。

引导问题 2　车架的功能及类型有哪些？

（1）车架的功用：____

（2）写出图中各车架的名称、作用及使用场合：

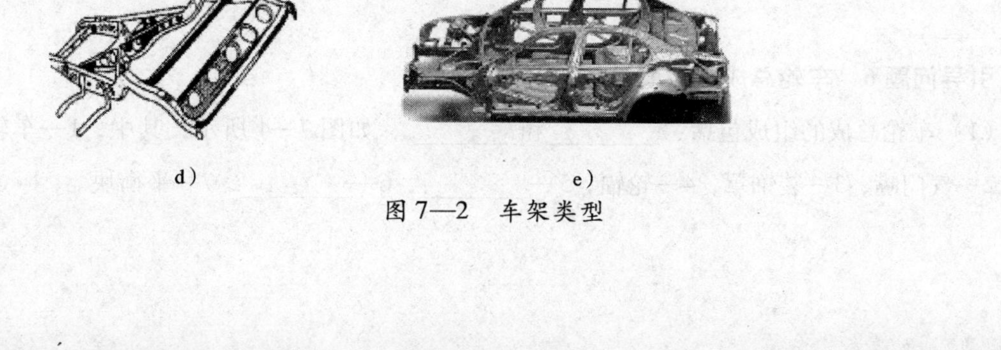

图 7—2　车架类型

序号	名称	作用	适用车型
a			
b			
c			
d			
e			

引导问题 3　悬架的功能及类型有哪些？

________是车架（或承载式车身）与车桥（或车轮）之间的一切传力连接装置的总称。一般由________、________和导向机构三部分组成。

悬架可分为________悬架与________悬架两种类型。图 7—3a 是________，7—3b 是________。

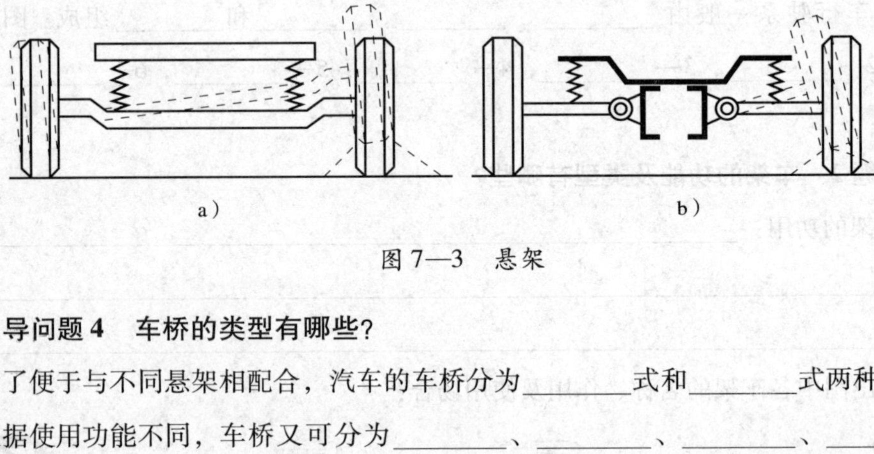

a）　　b）

图 7—3　悬架

引导问题 4　车桥的类型有哪些？

为了便于与不同悬架相配合，汽车的车桥分为________式和________式两种。

根据使用功能不同，车桥又可分为________、________、________、________四种，其中转向桥和支撑桥都属于从动桥。

引导问题 5　转向桥的组成及转向车轮的定位参数有哪些？

（1）转向桥主要由________、________、________、________四部分组成。

（2）转向轮定位参数有________、________、________、________、活轮的________和________。

引导问题 6　车轮总成的组成及轮胎类型如何？

（1）车轮总成的组成包括：________和________，如图 7—4 所示，其中，1—车轮螺栓，2—气门嘴，3—装饰罩，4—轮辐，5—________，6—________，7—平衡块。

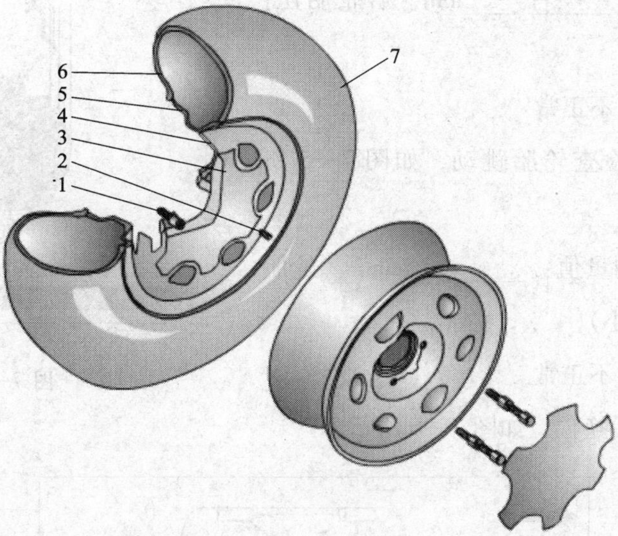

图 7—4　车轮总成

（2）轮胎的类型按轮胎结构可分为：________和________。

（3）指出轮胎标记 165/70R13 的含义是：____。

三、 计划与实施

引导问题 7　通过查询和查找，填写以下信息。

使用车型	
悬挂系统类型	
使用工具、设备	

引导问题 8　如何检查轮胎和车轮系统，完成后请在相应的“□”内打“√”。

□ 步骤 1：检查轮胎。

（1）检查轮胎是否磨损以及轮胎充气压力是否适当，检查结果参考表 7—1。

表 7—1　冷态轮胎充气压力

轮胎尺寸	前 kPa（kgf/cm^2，psi）	后 kPa（kgf/cm^2，psi）
185/60 R15 84 H	220（2.2，32）	220（2.2，32）

前轮胎压：左＿＿/右＿＿mm，后轮胎压：左＿＿/右＿＿mm。

□ 正常　　□ 不正常

（2）用百分表检查轮胎跳动，如图 7—5 所示。

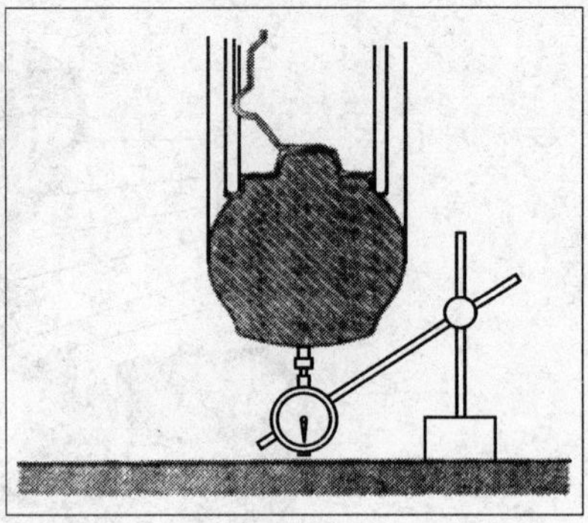

图 7—5

轮胎跳动实际测量值：＿＿＿＿mm。（轮胎跳动：1.4 mm 或更小）

□ 正常　　□ 不正常

□ 步骤 2：轮胎换位，如图 7—6 所示。

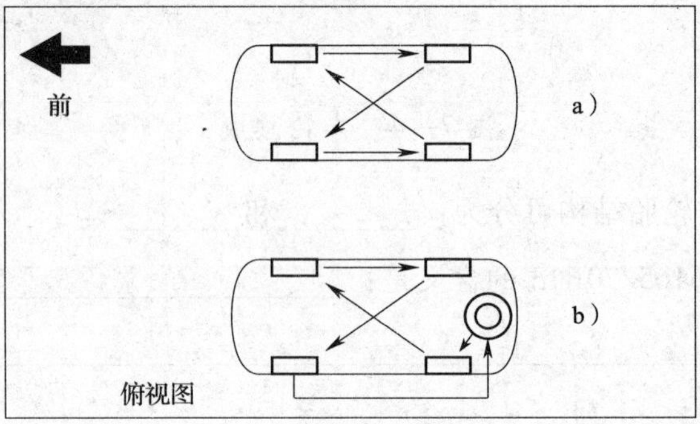

图 7—6

（1）如果车辆配备了小型备胎，如图 a 所示轮换轮胎。

（2）如果车辆配备了全尺寸备胎，如图 b 所示轮换轮胎。

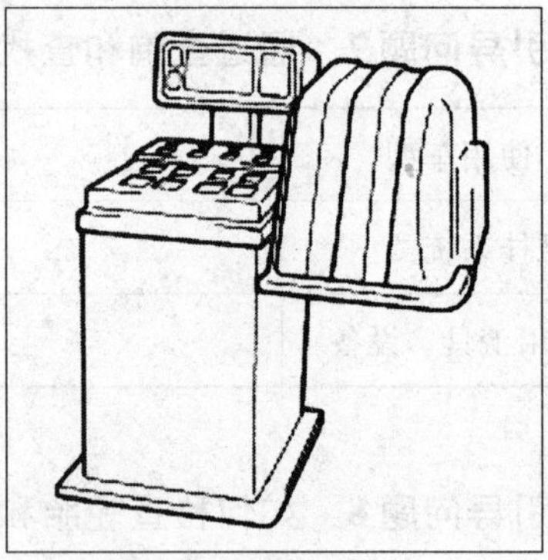

图 7—7

□ 步骤 3：检查车轮平衡，如图 7—7 所示。

（1）检查并进行离车平衡调整。

（2）如有需要，进行车上平衡调整。调整后的不平衡量：8 g 或更小。

引导问题 9　如何检测悬架系统主要零部件，完成后请在相应的“□”内打“√”。

□ 步骤 1：悬架系统的就车检查。

（1）减振器性能检查。

□ 正常　　□ 不正常

（2）传动轴内、外万向联轴器防尘罩检查。

☐ 正常　　☐ 不正常

(3) 螺旋弹簧检查。

☐ 正常　　☐ 不正常

☐ 步骤2：检查减振器。

(1) 减振器是否有漏油、减振不良，或行驶中有异常声响。

☐ 有　　☐ 无

(2) 螺旋弹簧弹力是否有裂纹、损伤及断裂现象。

☐ 有　　☐ 无

(3) 如图7—8所示，测量螺旋弹簧的自由长度A。

螺旋弹簧的自由长度A实际测量值：________mm。

(技术参数：自由长度A比标准长度减少5%，即表示螺旋弹簧产生永久变形，必须更换。更换时必须左右两侧同时更换。)

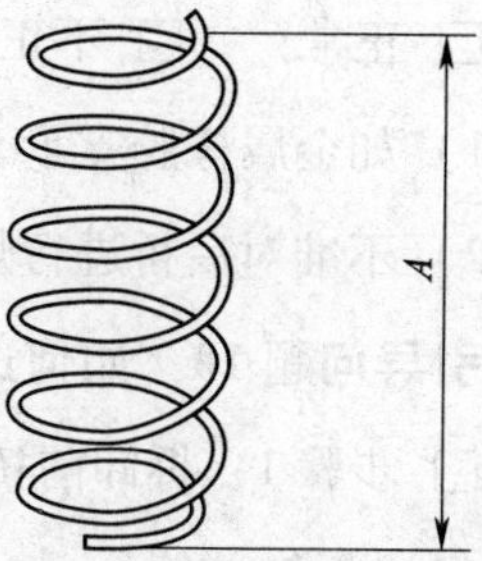

图7—8

☐ 步骤3：检查前悬架。

(1) 前悬架支柱挡泥板有无严重扭曲、变形；制动盘工作表面有无严重磨损或表面有裂纹；轮毂花键有无磨损或较大裂纹；弹簧挡圈有无变形、失效；轴承有无损坏或测得轮毂间隙大于0.10 mm；前悬架支柱焊接处有无出现裂纹或严重变形；悬架支承轴承有无损坏。

☐ 有　　☐ 无

(2) 前悬架、下摆臂和横向稳定杆各部位的衬套有无松动、凸起或损坏。

☐ 有　　☐ 无

(3) 各焊接部位有无脱焊或裂纹。

☐ 有　　☐ 无

(4) 球接头是否有磨损严重，用手摆动球接头要有一定阻力。

☐ 有　　☐ 无

(5) 锁紧板的螺纹是否有磨损或损坏。

☐ 有　　☐ 无

(6) 下摆臂有无变形、裂纹，下摆臂支承孔是否磨损严重。

☐ 有　　☐ 无

☐ 步骤：4：检查后悬架。

(1) 后减振器和弹簧的检查。

□ 正常　□ 不正常

1）后减振器的维修和前减振器一样，如支承处有裂纹、筒体外漏油严重或用专门仪器检验达不到要求的，均需整体更换。

2）如弹簧有损伤、裂纹或弹力下降，均需更换新件。更换新件时注意弹簧上的标记（两条蓝色标记）。

3）橡胶件、缓冲块如有损伤、龟裂、老化等，也应更换。

（2）后桥悬架臂支承套的检查。

□ 正常　□ 不正常

1）如金属橡胶支承套松动、裂纹、损伤、破裂，均需要更换新件，不能进行修理。

2）不准对后桥进行焊接和整形修理。

引导问题 10　如何进行前桥的拆卸与装复，完成后请在相应的“□”内打“√”。

□ 步骤 1：拆卸前桥。

（1）拆卸前轮。

（2）拆离制动软管，如图 7—9 所示。

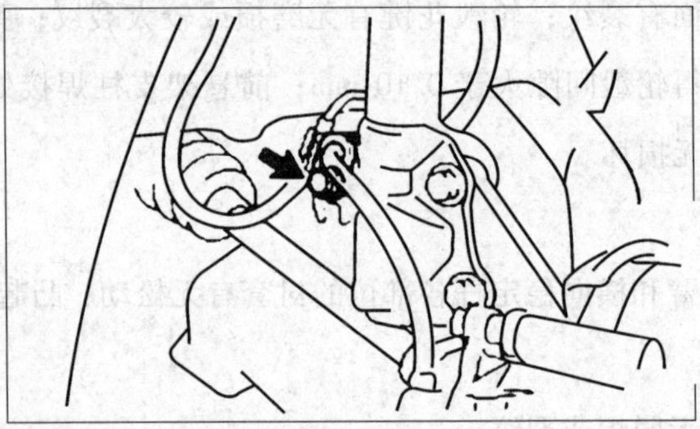

图 7—9

（3）拆下带螺旋弹簧的减振器，如图 7—10、图 7—11 所示。

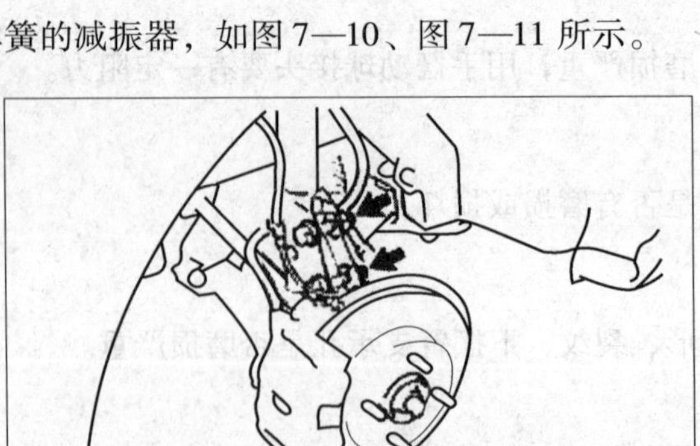

图 7—10

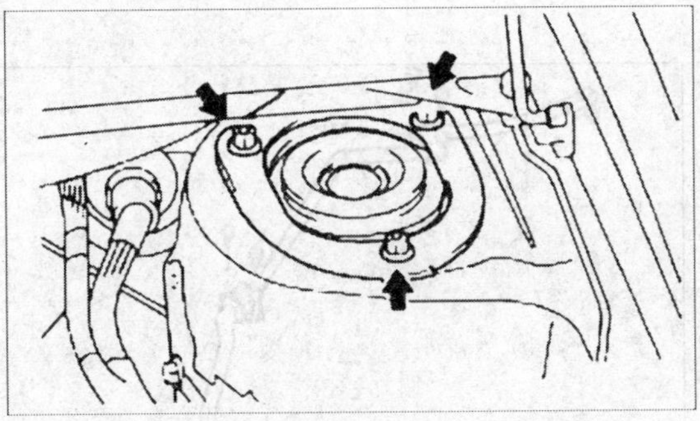

图 7—11

（4）拆下发动机 1 号盖板分总成。

（5）拆下发动机罩。

（6）吊起发动机总成。

（7）拆下 2 个螺栓和左前悬吊加强梁。

（8）拆下 2 个螺栓和右前悬吊加强梁。

（9）拆下 1 号左前悬架臂分总成，如图 7—12 所示。

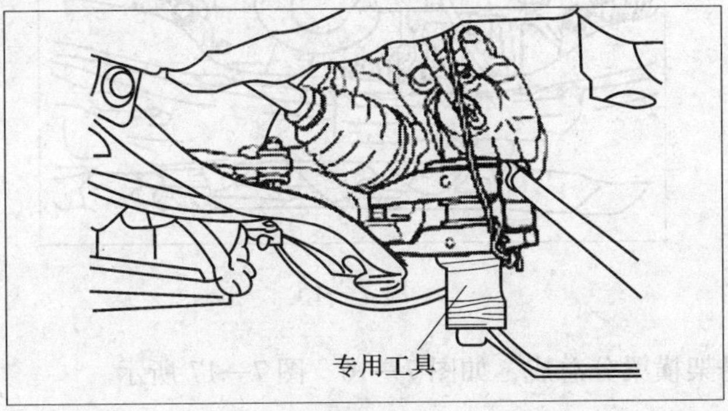

图 7—12

（10）拆解前稳定杆，如图 7—13、图 7—14 所示。

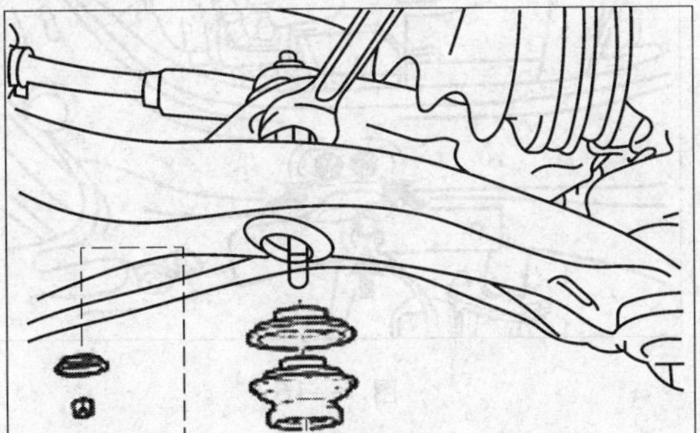

图 7—13

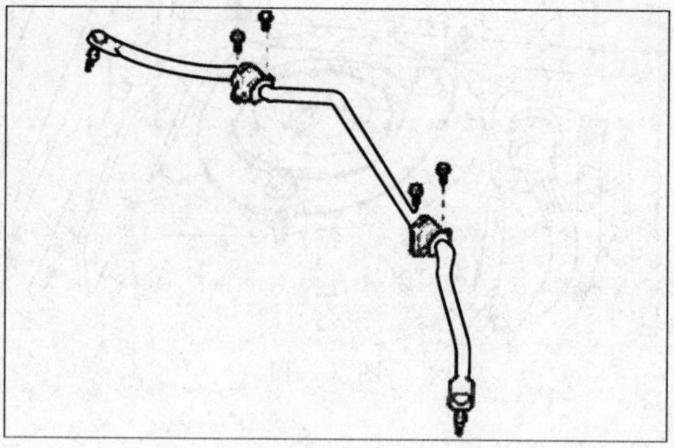

图 7—14

（11）分解齿轮齿条动力转向机总成，如图 7—15 所示。

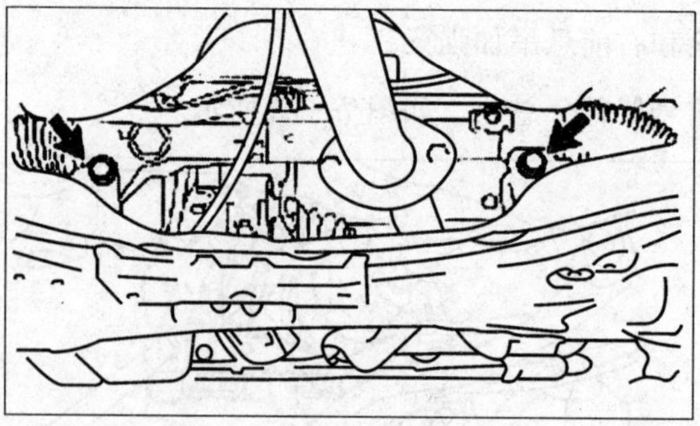

图 7—15

（12）拆解前悬架横梁分总成，如图 7—16、图 7—17 所示。

图 7—16

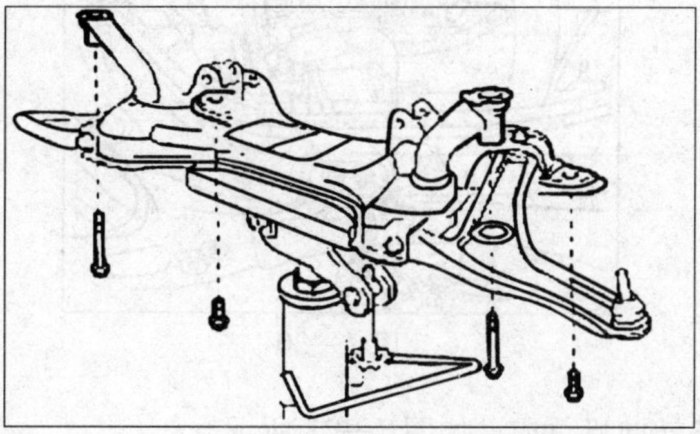

图 7—17

（13）拆下 1 号左前悬架臂分总成，如图 7—18 所示。

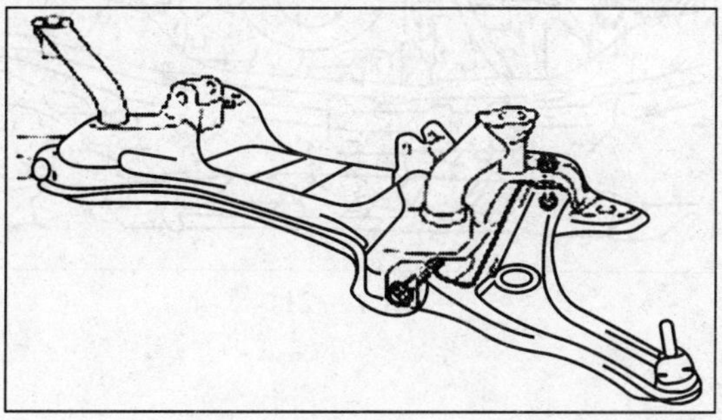

图 7—18

□ 步骤 2：装复前桥。

（1）安装制动软管。

（2）用 2 个螺栓和螺母，暂时紧固 1 号左前悬架分总成。

（3）连接前悬架横梁分总成，如图 7—19、图 7—20 所示。

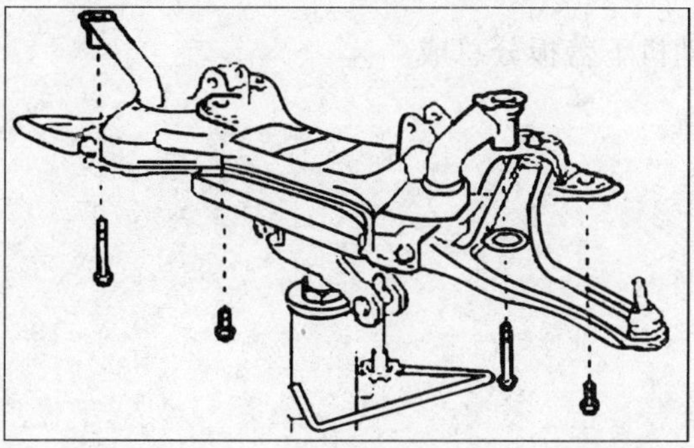

图 7—19

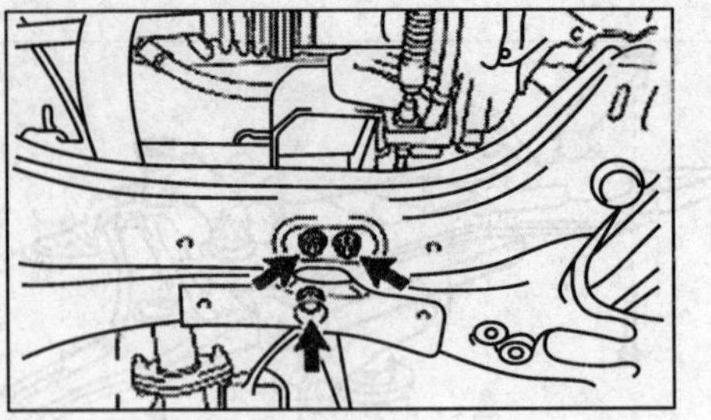

图 7—20

（4）安装齿轮齿条转向机总成，如图 7—21 所示。

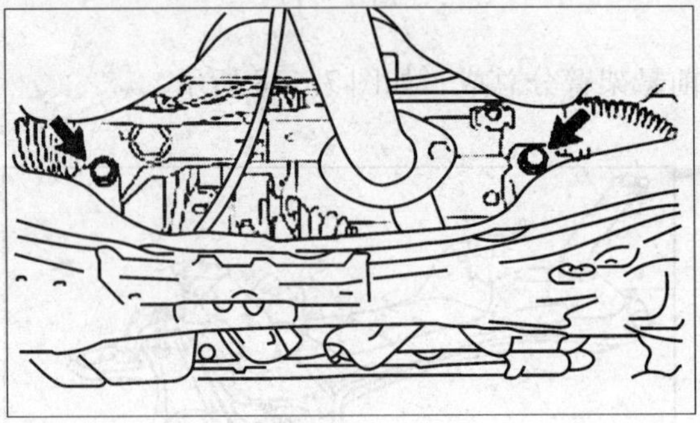

图 7—21

（5）安装前稳定杆。

（6）安装 1 号左前悬架臂分总成。

（7）安装左前悬架加强梁。

（8）安装右前悬架加强梁。

（9）安装前轮。

（10）稳定悬架。

（11）充分紧固 1 号左前悬架臂分总成。

（12）安装 1 号发动机下盖板分总成。

（13）安装发动机罩。